Vida *com* Deus

© 2011 por Akash Jethani / Skye Jethani

Título original: *With: Reimagining the Way You Relate to God*; edição publicada pela Thomas Nelson Publishers, divisão da Thomas Nelson, Inc. (Nashville, Tennessee, Estados Unidos da América).

Todos os direitos desta publicação em língua portuguesa são reservados a Sankto, um selo da Maquinaria Editorial. É vedada a reprodução total ou parcial desta obra sem a prévia autorização, salvo como referência de pesquisa ou citação acompanhada da respectiva indicação. A violação dos direitos autorais é crime estabelecido na Lei nº 9.610/98 e punido pelo artigo 194 do Código Penal.

Todas as citações bíblicas foram extraídas da Bíblia Sagrada, Nova Versão Internacional (NVI), Copyright © 1993, 2000, 2011 by Biblica, Inc.,® a menos que seja especificado outra versão da bíblia sagrada.

Este texto é de responsabilidade do autor e não reflete necessariamente a opinião da Maquinaria Editorial.

Editora
Renata Sturm

Projeto de capa original
Mark L. Mabry

Adaptação da capa e projeto gráfico
Matheus Costa

Revisão
Ana Maria Mendes, Beatriz Reder e Laila Guilherme

1ª Edição - Novembro 2020

DADOS INTERNACIONAIS DE CATALOGAÇÃO NA PUBLICAÇÃO (CIP)
Maria Alice Ferreira - CRB-8/7964

JETHANI, Skye
Vida com Deus / Skye Jethani;
tradução Douglas Hugentobler.
1ª. ed. - São Paulo: Maquinaria Studio, 2020.

Título original:
With: Reimagining the Way You Relate to God
ISBN: 978-65-88370-00-1

1. Cristianismo 2. Espiritualidade
3. Espiritualidade - Cristianismo
4. Homem cristão - Vida religião 5. Vida espiritual I. Título.
20-41646   CDD-255

Vida *com* Deus

Redescubra seu relacionamento com Ele

SKYE JETHANI

tradução
DOUGLAS SANTOS HUGENTOBLER

sanktō

SUMÁRIO

Prefácio	7
A Vida *depois* do Éden	9
Vida *sob* Deus	35
Vida *sobre* Deus	57
Vida *de* Deus	83
Vida *para* Deus	105
Vida *com* Deus	131
Vida *com* Fé	157
Vida *com* Esperança	179
Vida *com* Amor	205
Apêndice	227
Agradecimentos	238

PREFÁCIO

UM LIVRO DE TRANSFORMAÇÃO PESSOAL

por DOUGLAS GONÇALVES, *fundador do JesusCopy*

Há poucas semanas, tive a grata surpresa de conhecer este livro. *Vida com Deus*, publicado originalmente em 2011 nos Estados Unidos, chega agora ao Brasil em uma edição cuidadosamente traduzida. Chamo a atenção para esse detalhe por conta da temática da mensagem. No original, a obra ganha o singelo e monossilábico título *With* (a preposição "com" do nosso português). A partir desse título enigmático, Skye Jethani elabora uma crítica construtiva aos cristãos do século XXI.

Há cerca de 10 anos, iniciei uma trajetória pessoal e ministerial com foco nas mídias sociais, e a visão de Deus para o meu ministério foi direcionada ao público jovem. Existe um êxodo dos jovens brasileiros nas igrejas. Isso é alarmante, uma vez que a Igreja (a instituição) é — ou deveria ser — um lugar de acolhimento não apenas espiritual, mas também de ensino dos valores que determinarão a profundidade do nosso relacionamento com Deus na vida adulta.

O problema da institucionalização da Igreja já é antigo. Quando a Igreja engessa a visão espiritual por meio de um comportamento mais ou menos aceitável, ela perde sua conexão com a geração que será responsável pelo futuro da própria Igreja. Eu me vi nessa situação de angústia um dia. E foi por meio da visão espiritual que recebi de Deus que decidi me dedicar a toda uma geração de jovens cristãos em busca de identidade. Tive a sorte de crescer num ambiente espiritualmente saudável, que proveu os recursos necessários para o meu próprio amadurecimento. Mas e as multidões de jovens que não tiveram a mesma oportunidade?

É aí que entram este livro e a importância de sua publicação na língua portuguesa. Fala-se muito entre os cristãos sobre "*metanoia*", a transformação espiritual completa. Às vezes, no entanto, vejo isso mais como uma subscrição de um modismo do que verdadeiramente uma transformação do caráter. *Vida com Deus* é, definitivamente, um livro de conversão da mente. Jethani é um autor sensível à essência da mensagem cristã. Sua habilidade em desvencilhar o supérfluo daquilo que realmente importa causa impacto na vida de quem lê, sem considerar à qual geração o leitor pertença.

Foi com isso em mente que topei assinar este prefácio e apresentar aos leitores cristãos — e não apenas aos jovens — tal leitura essencial para os dias de hoje. Será difícil não ter sua visão do cristianismo desestruturada para, então, por meio de um direcionamento espiritual profundo, vê-la sendo reconstruída e — mais importante ainda — restaurada. Termino aqui com a seguinte provocação: como vai sua vida *com* Deus hoje?

1

A Vida *depois* do Éden

AS SOMBRAS

Mil e quinhentos anos atrás, o imperador de Roma construiu um túmulo para sua amada irmã. O pequeno edifício foi projetado em forma de cruz, com um teto abobadado coberto de mosaicos retratando um turbilhão de estrelas em um céu anil. No ponto focal do teto em mosaico, há uma representação de Jesus, o Bom Pastor, cercado de ovelhas em um paraíso esmeralda.

O mausoléu de Gala Placídia ainda existe e está localizado na cidade de Ravena, na Itália. Ele é considerado pelos especialistas como "o monumento em mosaico mais antigo e mais bem preservado do mundo" e um dos "mais perfeitos artisticamente". Mas os visitantes que admirarem esses mosaicos em livros de viagem e em cartões- postais ficarão desapontados ao entrar no mausoléu. A estrutura tem apenas janelas pequenas, e a luz externa é geralmente bloqueada por uma multidão de turistas. O monumento em mosaico "mais perfeito artisticamente", a visão inspiradora do Bom Pastor em um paraíso estrelado, está escondido atrás de um véu de escuridão.

Mas o visitante impaciente que deixar a capela antecipadamente perderá uma revelação deslumbrante. Sem qualquer aviso prévio, os holofotes próximos ao teto acendem quando algum turista finalmente insere uma moeda na pequena caixa de metal próxima à parede. As luzes acesas iluminam os azulejos iridescentes do mosaico, mas por apenas alguns segundos. Um visitante descreveu a experiência: "As luzes se acendem. Por um breve momento, o mais breve dos momentos — os olhos não têm tempo para absorver tudo e vagueiam pela epifania —, a escuridão quente e maçante transforma-se em um céu estrelado, uma cúpula azul-escura com estrelas enormes e brilhantes que parecem estar surpreendentemente próximas. 'Ahhhhh!', é ouvido sob a cúpula. Em seguida, a luz se apaga, e novamente há escuridão, agora ainda mais profunda do que antes".[1]

A explosão brilhante de iluminação é repetida várias vezes, segmentada por escuridão de duração imprevisível. Cada vez que as luzes se acendem, os visitantes têm outro vislumbre do mundo por trás das sombras, e seus olhos capturam outro elemento não visto anteriormente — veados bebendo de fontes, guirlandas de frutas e folhas, Jesus gentilmente acariciando suas ovelhas, que contemplam seu pastor com um olhar amoroso. Depois

---

[1]. Tatyana Tolstaya, *"See the Other Side"*, trad. Jamey Gambrell. *New Yorker*, 12 de março de 2007.

de ver o mosaico, um visitante escreveu: "Nunca vi nada tão sublime na minha vida! Dá até vontade de chorar!".

Assim como os turistas em Ravena, muitos entram na fé cristã com grandes expectativas. Eles ouviram histórias de júbilo e salvação, do poder de vencer este mundo e experimentar o divino de maneiras inexprimíveis. Mas, uma vez dentro dos salões antigos do cristianismo, muitos ficam decepcionados. Onde está a luz, onde está a iluminação? Nosso coração busca Deus, bem como bondade, beleza, justiça e paz que nos disseram que ele fornece, mas ele geralmente permanece escondido atrás da sombra projetada por um mundo maligno.

Minha preocupação é que estejamos vacinando uma geração inteira contra a fé cristã. Muitos chegam com um desejo santo de conhecer Deus, de experimentar a presença dele em suas vidas, de serem cuidados como ovelhas confiadas a um pastor manso e gentil. Mas não é isso que eles veem ou experimentam. Na verdade, podem deixar a igreja sem nunca terem tido uma visão bela e fascinante da VIDA COM DEUS. As luzes nunca foram acesas para revelar a beleza presente logo atrás das sombras. Em vez disso, é oferecida àquelas pessoas uma forma substituta de cristianismo, uma que não pode transpassar as sombras e nunca conseguirá satisfazer verdadeiramente os anseios mais profundos de suas almas.

Quando sua experiência de fé as decepciona, essas pessoas podem concluir erroneamente que o cristianismo falhou com elas. Na realidade, citando G. K. Chesterton,

"O ideal cristão não considerado deficiente após ser julgado. Ele foi considerado difícil e deixado de lado".[2] Ou talvez possa ser dito hoje em dia, com mais precisão, que o cristianismo não foi apresentado e, portanto, foi deixado sem julgamento. O resultado é uma geração insatisfeita e vacinada contra a verdadeira mensagem cristã.

Mas há momentos inesperados e imerecidos em que uma moeda é inserida na caixinha, e nossa visão é transformada por uma explosão de luz cintilante. Pode ser apenas um breve vislumbre, mas, naqueles momentos em que observamos o mundo por trás das sombras, vemos uma maneira totalmente diferente de nos relacionarmos com Deus e ansiamos por mais.

AS POSTURAS

Infelizmente, um grande número de pessoas escolheu ter uma existência mais obscura; elas se relacionam com Deus sob uma sombra, de forma que as deixa descontentes. Considere os seguintes exemplos de quatro pessoas que conheci. Todas se definiram como cristãos, e a maioria delas tinha um histórico significativo na igreja, porém cada uma se relacionava com Deus de um modo diferente.

—

Eu não conhecia Joel antes de sua visita ao meu escritório para o que chamava de "aconselhamento espiritual". Um

---

2. G. K. Chesterton, *"O que Há de Errado com o Mundo"* (Campinas: Ecclesiae, 2013), p. 33.

homem de meia-idade com certo sucesso nos negócios, Joel se descreveu como um cristão com uma fraqueza por álcool, mulheres e jogos de azar — o último sendo o motivo de sua visita. Uma série de apostas ruins estava agora afetando seriamente seus negócios.

— Sinto muito por seus problemas, Joel — eu disse. — Mas eu não tenho certeza de por que você veio me ver.

— Então... Eu não vou à igreja — disse Joel. — Mas eu sei o que é certo e errado. Estou preocupado que Deus não abençoe mais meus negócios por causa do que fiz. Eu quero acertar as contas com ele. Não posso me dar ao luxo de ter meus sócios e Deus contra mim.

—

Mark era um homem que lia muito. Ele devorou todos os livros sobre liderança de negócios que conseguiu encontrar, mas não era um líder empresarial. Mark era pastor. Nós nos conhecemos em uma conferência ministerial e almoçamos juntos.

— O problema com a maioria dos pastores — comentou Mark — é que eles pensam estar imunes aos princípios de mercado. Não entendem os conceitos básicos sobre os quais toda organização cresce ou cai. Eles simplesmente não ensinam esse tipo de coisa no seminário.

"Não suporto toda essa espiritualização que acontece nessas conferências ministeriais. Estamos apenas procurando desculpas por sermos líderes ruins — por não fazermos mais do que já estamos fazendo. Você acha que os gerentes do Walmart ficam parados por aí pensando na vida? Por que as pessoas querem que os pastores se sentem e fiquem orando o tempo todo? Não vou deixar a minha igreja se atrofiar como tantas outras.

—

Rebecca estava no último ano de uma renomada faculdade cristã. Com sua formatura se aproximando, tinha dificuldade em decidir o que faria em seguida.

— Sempre sonhei em fazer uma faculdade de medicina — disse ela. — E creio que teria notas para ser aprovada, mas não tenho certeza se devo fazer isso.

— Por que não? — perguntei. — O que está te segurando?

— Não tenho certeza se é isso que Deus quer que eu faça. Digo, o mundo realmente precisa de outra cardiologista? Quero que minha vida seja mais relevante do que isso. Quero fazer algo *realmente* significante.

— Como o quê?

— Como ser missionária — disse ela. — Talvez, para servir a Deus, ele queira que eu sacrifique meu sonho de virar médica. Só não quero chegar ao final da linha e sentir que perdi a chance de ter tido uma vida mais relevante.

—

— Eu não entendo o que fiz de errado — Karen contou-me entre lágrimas. — Eu tentei o meu melhor para criá-lo de acordo com a Bíblia.

O filho adolescente de Karen estava lutando contra uma depressão profunda e lidando com a situação de uma forma nada saudável. O uso de drogas apenas exacerbou seu problema e o levou a comportamentos destrutivos.

— Isso não devia ter acontecido — disse ela em um tom misto de raiva e dor. — Sempre honramos a Deus em nossa casa. Sempre fizemos o que é certo. Criamos nossos filhos no caminho de Deus, nos princípios bíblicos. Temos até um versículo de Provérbios emoldurado e pendurado em nossa casa, que diz: "Instrua a criança segundo os objetivos que você tem para ela, e mesmo com o passar dos anos não se desviará deles". Por que Deus está nos castigando?

—

Joel, Mark, Rebecca e Karen representam quatro maneiras com as quais a maioria das pessoas se relaciona com Deus. E, assim como os turistas confinados no ambiente escuro e malcheiroso do Gala Placídia, grande parte fica severamente insatisfeita com essas quatro abordagens de relacionamento.

Vida *de* Deus

Joel, o empresário com a vida frenética, buscava usar Deus para abençoar seus negócios. Ele personifica a postura VIDA DE DEUS. As pessoas nessa categoria desejam as bênçãos e os presentes de Deus, mas não estão particularmente interessadas nele.

Vida *sobre* Deus

Mark, o pastor experiente e focado nos princípios organizacionais em vez de uma vida de oração, não tinha muito espaço para Deus em sua vida ou seu ministério. Esta é a postura VIDA SOBRE DEUS. O mistério e a beleza do mundo se perdem conforme o Senhor é abandonado em favor de fórmulas testadas e resultados previsíveis.

Vida *para* Deus

Rebecca, a formanda que sonhava com a faculdade de medicina, estava preocupada principalmente com a melhor forma de servir a Deus. A mais célebre das posturas religiosas é a VIDA PARA DEUS. A vida mais significante, de acordo com essa postura, é aquela gasta realizando grandes feitos a serviço de Deus.

Vida *sob* Deus

Karen, a mãe perturbada que tentou criar o filho "como manda o figurino", ficou aborrecida quando Deus não cumpriu sua parte do acordo. A postura VIDA SOB DEUS coloca o Criador em simples termos de causa e efeito — se obedecermos aos mandamentos de Deus, ele abençoará nossas vidas, nossas famílias, nossa naçãoserão abençoadas por ele. Nosso papel fundamental é determinar o que ele aprova (ou desaprova) e trabalhar vigilantemente para permanecer dentro desses limites.

Sempre que conheço pessoas novas, seja no contexto da igreja ou fora dela, tento determinar qual postura melhor caracteriza o modo como se relacionam com Deus. Uma conversa casual sobre vida e fé e algumas perguntas simples geralmente são suficientes para descobrir suas suposições.

O companheiro de assento em um voo doméstico: "Eu realmente não penso muito em Deus" — Diagnóstico: VIDA SOBRE DEUS.

O vizinho na feirinha local no sábado de manhã: "Se pudermos parar esses juízes liberais, Deus abençoará nosso país novamente" — Diagnóstico: VIDA SOB DEUS.

O visitante da igreja: "Todas as manhãs eu acordo e oro a Deus para expandir meu território. E ele tem feito!" — Diagnóstico: VIDA DE DEUS.

O pastor falando sobre sua congregação: "Eles são apenas preguiçosos. O que eles precisam é de uma pregação motivacional para compartilharem sua fé com seus vizinhos" — Diagnóstico: VIDA PARA DEUS.

—

À medida que a cultura ocidental fica mais secularizada e "pós-cristã", encontro cada vez mais pessoas despreocupadas com Deus. Elas pensam pouco em como a presença dele pode ou deveria influenciar suas vidas — isso pressupondo que sequer acreditam que ele exista. Muitos no Ocidente secular vivem *sobre* Deus.

Mas não podemos magnificar o impacto da secularização e da postura pós-Deus do mundo de hoje. Apesar do surgimento do chamado "neoateísmo", ainda há guerras sendo travadas por causa de religião no século XXI, e os valores religiosos tradicionais dominam muitas comunidades, até mesmo as sociedades ocidentais. A adesão a rituais de fé (ou superstições, dependendo do ponto de vista) permanece muito popular hoje. Viver a vida *sob* as expectativas de Deus ainda é importante para muitos. Na verdade, vários de nossos conflitos culturais podem ser atribuídos a pessoas que vivem *sob* Deus e procuram impor seus valores sobre aqueles que preferem viver *sobre* Deus.

Ao mesmo tempo, uma parcela de crescimento voraz tem usado Deus para benefício e lucro pessoais. Algumas das maiores congregações dos Estados Unidos e de outros países são baseadas na postura VIDA DE DEUS, bem como alguns dos maiores best-sellers cristãos. Com tantos traumas sofridos dentro das famílias, e agora com uma economia turbulenta, as pessoas estão se voltando cada vez mais a Deus e aos seus representantes em busca de soluções para seus problemas. Em muitos casos, elas realmente não querem Deus, apenas sua ajuda sobrenatural. Às vezes, chamamos essa atitude de cristianismo consumista, evangelho da prosperidade ou pregação da saúde e riqueza [culto da vitória]. Em cada situação, as pessoas se voltam a Deus atrás de um terapeuta cósmico ou um mordomo divino. Ele se tornou o que um amigo meu chama de pacote-combo de WD-40/fita adesiva — tudo o que você precisa para consertar qualquer coisa.

O que mais tenho encontrado entre meus colegas de ministério é uma forma de fé altamente ativista. Seja no combate à pobreza, no crescimento da igreja ou no engajamento político, tendemos a encontrar nosso propósito e significado através daquilo que fazemos *para* Deus e seu reino. A postura VIDA PARA DEUS é muito celebrada, e aqueles capazes de realizar uma variedade de obras para Cristo recebem muitos elogios e são admirados.

Reconhecer essas quatro posturas de vida nos ajuda a entender melhor o trabalho da igreja. Grande parte das atividades da igreja é usada para tentar levar os membros de uma dessas quatro posturas para outra. Por exemplo, tentamos convencer alguém costumeiramente irreligioso que vive *sobre* Deus a se importar mais com seus valores e mandamentos e começar a viver *sob* o senhorio dele. Não fazemos isso simplesmente por sermos dogmáticos ou intrusivos, embora às vezes possa parecer. Fazemos isso porque cremos que a VIDA SOB DEUS é mais gratificante e abençoada.

Algumas igrejas fizeram de sua missão explícita transformar consumidores religiosos em seguidores totalmente dedicados a Cristo. Em outras palavras, elas querem que as pessoas parem de viver simplesmente *de* Deus e comecem a viver *para* ele. Essa mudança é geralmente medida pela frequência de participação de um membro nas atividades da igreja, medida por quanto doa para caridade, quanto serve aos outros e por seu envolvimento em missões locais e internacionais. Tentamos convencer essas pessoas a realizar menos feitos para si e mais para Deus e os outros. Uma mudança particularmente bem-sucedida do viver *de* Deus para o viver *para* ele ocorre quando alguém deixa sua atual profissão e entra no "ministério cristão em tempo integral". Tais histórias não são tão comuns, mas são amplamente divulgadas pelas comunidades religiosas.

Uma breve reflexão sobre minha própria jornada de fé revela as épocas em que estive em cada uma desssas quatro posturas. Eu vivi SOBRE, SOB, DE, e PARA DEUS. E, quando penso nos meus anos de ministério cristão, devo admitir que meus esforços se concentraram amplamente em levar as pessoas de uma postura para outra, com resultados mistos. Sermões foram escritos e pregados, programas projetados e lançados, grupos preparados e montados, orçamentos criados e revisados — tudo com o objetivo de levar as pessoas vivendo *sobre* Deus a viver *sob* ele e convencer outros a viver *para* Deus e não apenas *dele*.

OS ESTUDANTES

Alguns anos atrás, comecei a questionar seriamente as quatro posturas populares da vida religiosa. Eu sabia que a VIDA SOBRE DEUS era derradeiramente insatisfatória e escrevi um livro inteiro sobre a falácia do cristianismo consumista[3] e o vazio advindo de simplesmente buscar uma VIDA DE DEUS. Mas uma investigação mais honesta de ambas as vidas *sob* e *para* Deus revelou algo ainda mais perturbador. Minha tradição cristã me ensinou que a obediência aos mandamentos de Deus e a devoção à sua obra no mundo era uma prescrição para alegria, paz,

---
3. Skye Jethani, *The Divine Commodity: Discovering a Faith Beyond Consumer Christianity* (Grand Rapids: Zondervan, 2009). Ainda sem publicação no Brasil.

contentamento e realização, e isso era o que eu estava ensinando aos outros. Mas depois de uma década no ministério as evidências, em mim e ao meu redor, não confirmavam essa premissa.

Eu não conseguia explicar por que muitas das pessoas com obras e realizações para Deus pareciam refletir pouquíssimo o caráter dele. Em vez de serem marcadas por paz, paciência, bondade, gentileza e amor, muitas eram ansiosas, impacientes, grossas, agressivas e até maldosas. Isso não é uma verdade universal, pois com certeza conheço homens e mulheres no ministério que são piedosos, entretanto a falta de piedade entre os líderes da igreja era muito mais comum do que eu estava acostumado. E percebi esses mesmos traços perturbadores dentro de mim ao me entregar à obra de Deus e ao ministério. Resumindo, viver *para* Deus estava se mostrando prejudicial à minha alma.

Da mesma forma, existe uma estranha correlação entre a maldade e quão absolutamente certa uma pessoa está de suas crenças. Não estou defendendo o agnosticismo, mas a humildade é escassa entre aqueles que procuram demarcar perfeitamente o limite entre a verdade e o erro, a justiça e a iniquidade, na busca por uma vida sob Deus. Aqueles que se orgulham de sua submissão reverente à verdade de Deus são estranhamente relutantes em se submeter a qualquer outra pessoa. É difícil conciliar animosidade e conflito encontrados nas comunidades cristãs com a declaração de Jesus — que todos saberiam que somos seus discípulos por causa de nosso amor uns pelos outros.[4]

---
4. João 13:35.

Meu descontentamento com as categorias populares defendidas pela Igreja chegou a um ponto crítico há alguns anos, quando comecei a mentorear certo grupo de estudantes universitários. A maioria desses homens e mulheres inteligentes havia crescido em lares cristãos. Eles possuíam histórico de envolvimento expressivo em suas igrejas e alguns já tinham até vivido com seus pais missionários no exterior. Esses universitários conheciam a Bíblia melhor do que muitos e conseguiam participar de discussões teológicas e culturais relevantes. Eu realmente gostei do tempo que passei com eles.

Todavia, quando comecei a sondar sua comunhão pessoal com Cristo, suas práticas de oração, seu entendimento do pecado e como eles se relacionavam com Deus, fiquei consternado. Minhas perguntas eram incompreensíveis para alguns destes alunos. "O que você quer dizer com 'como está meu relacionamento com Deus?'", perguntou um deles. Outros admitiram nunca terem aprendido a orar além das orações básicas para abençoar as refeições e as de antes de dormir. A maioria não conseguiu identificar nenhum momento de transcendência significativa ou momentos de paz ou alegria na presença de Deus. Eles frequentemente determinavam a qualidade de sua fé com uma única medida — o quanto conseguiam controlar seus desejos sexuais.

A linguagem sobre ter um "relacionamento pessoal com Jesus Cristo" tornou-se um clichê em muitas comunidades evangélicas, incluindo as faculdades cristãs que a maioria desses estudantes frequentava. No entanto, quando me aprofundei um pouco e usei uma linguagem menos familiar para determinar como seus relacionamentos com Cristo mostravam-se na realidade, a maioria dos estudantes ficou em silêncio. Muitos falavam de Deus como se fosse uma realidade teológica, um cálculo estéril, ou como um funcionário de uma grande corporação falaria sobre o CEO cujo retrato está pendurado na parede mas a quem nunca conheceu pessoalmente. A admiração e o respeito por Deus eram evidentes, e até mesmo a dedicação à obra dele, mas o conhecimento real e pessoal de Deus estava em grande parte ausente da vida deles.

Os estudantes estavam nas mesmas quatro posturas de vida religiosa que a maioria das outras pessoas. Boa parte falava sobre o seu desejo de viver *para* Deus e servi-lo no mundo. Outros, particularmente aqueles com perspicácia teológica, viviam *sob* Deus, buscando uma compreensão definitiva de suas leis e expectativas. Outra parcela estava usando Deus para ganho pessoal ou como auxílio relacional — precisava de sua ajuda para encontrar um cônjuge e garantir o noivado até a primavera. Eles buscavam uma VIDA DE DEUS. E, depois de uma infância não livre de dificuldades e imersa na subcultura cristã, alguns estavam prontos para abandonar a fé e viver uma VIDA SOBRE DEUS. Esses eram os totalmente vacinados contra o cristianismo real — os estudantes que esperaram a vida inteira por uma visão convincente do cristianismo, mas só haviam encontrado trevas. Estavam prontos para deixar a igreja, acreditando já ter experimentado tudo o que a fé cristã tinha a oferecer, mas na verdade haviam sido expostos apenas a uma faceta da fé que não tinha poder tangível.

Esses estudantes compartilharam suas vidas com honestidade e transparência chocante. Eles procuravam respostas e ainda estavam formando suas identidades. E em ambientes seguros e confidenciais, muitos expressavam uma insatisfação persistente com a fé, mesmo tentando segui-la. Eles tropeçavam na escuridão, mas não haviam desistido. Ainda estavam esperando que as luzes se acendessem para iluminar seu caminho. A transparência desses jovens me ajudou a entender o problema com mais clareza do que quando eu servia em minha função normal na igreja. Durante o tempo que passei com esses estudantes, fiquei convencido de que grande parte deles nunca havia encontrado verdadeiramente a mensagem cristã. Eles passaram sua juventude tentando viver SOBRE, SOB, DE ou PARA DEUS. Na maioria dos casos, uma dessas posturas era defendida por sua comunidade de fé. Nenhum deles havia recebido uma visão mais esplêndida da vida cristã. Para esses jovens, a possibilidade de uma VIDA COM DEUS nunca fora iluminada.

O DESEJO

"No princípio era aquele que é a Palavra. Ele estava com Deus e era Deus. Ele estava *com* Deus no princípio."[5] Foi assim que o apóstolo João descreveu o início de todas as coisas. Antes do tempo ou do espaço, o Deus

---
5. João 1:1-2.

preexistente vivia em comunhão eterna *consigo* mesmo. João apresentou Jesus Cristo, a "Palavra", como Deus, mas também existindo antes da criação em união *com* Deus.

O versículo de abertura do evangelho de João é um dos muitos textos nas Escrituras que apoiam a crença cristã em um Deus trinitário. A Trindade, a noção de um Deus eterno existente em três pessoas (Deus Pai, Deus Filho e Deus Espírito Santo), é uma doutrina fundamental do cristianismo. Mas é também onde a VIDA COM DEUS encontra sua origem. A Trindade revela que o Deus que adoramos é um Deus relacional e pessoal. Ele não é uma força impessoal, como algumas filosofias orientais ensinam, e tampouco um criador desinteressado, como o deísmo do Iluminismo defendeu. O Deus cristão é uma divindade pessoal que existe em comunhão eterna consigo mesmo.

A natureza relacional de Deus também é revelada no seu trabalho criativo.

"Então disse Deus: 'Façamos o homem à nossa imagem, conforme a nossa semelhança.'"[6] Deus formou um jardim no Éden, onde colocou o homem e a mulher, e andou *com* eles.[7] Ele acolheu a humanidade nessa comunhão eterna que já conhecia desde antes do tempo. Fomos criados à sua imagem para que possamos viver em relacionamento com ele.

O Éden foi projetado para ser um ambiente colaborativo, onde o Criador e as criaturas trabalhariam *juntos* para um objetivo comum. O Éden é melhor compreendido

---
6. Gênesis 1:26.
7. Gênesis 2.

se visto como um tipo de acampamento-base a partir do qual o homem e a mulher teriam que estender suas bordas até abranger toda a Terra. Eles deveriam ser parceiros de Deus, operando como seus representantes e agentes na Terra. O homem e a mulher foram instruídos a "governar" a Terra em nome de Deus e a cultivar a ordem, a beleza e a abundância do Éden até se estender a todos os cantos da criação. Esta é a base do primeiro mandamento da Bíblia: "Encham e subjuguem a Terra!".[8]

O desejo original de Deus para a humanidade viver e governar com ele na Terra também está expresso nos capítulos finais da Bíblia. A revelação dada ao apóstolo João mostra o ponto culminante da história bíblica:

"Vi a Cidade Santa, a nova Jerusalém, que descia dos céus, da parte de Deus, preparada como uma noiva adornada para o seu marido. Ouvi uma forte voz que vinha do trono e dizia: 'Agora o tabernáculo de Deus está com os homens, com os quais ele viverá. Eles serão os seus povos; o próprio Deus estará com eles e será o seu Deus'". [9]

Como no jardim em Gênesis, a ênfase da revelação de João é que Deus e humanidade habitarão juntos em unidade relacional eterna. É por isso que Deus nos criou, e esse é o destino para o qual toda a história se dirige. Assim como o primeiro homem e a primeira mulher deveriam governar com Deus sobre toda a criação, esse mesmo propósito é reafirmado no livro de Apocalipse:

---
8. Gênesis 1:28.
9. Apocalipse 21:2-3.

"… com teu sangue compraste para Deus gente de toda tribo, língua, povo e nação. Tu os constituíste reino e sacerdotes para o nosso Deus, e eles *reinarão* sobre a Terra. (...) Não haverá mais noite. Eles não precisarão de luz de candeia nem da luz do sol, pois o Senhor Deus os iluminará; e eles reinarão para todo o sempre".[10]

Se a Bíblia fosse o roteiro de uma peça teatral, a cena de abertura e o ato final desse drama se concentrariam no desejo de Deus de viver e governar com seu povo. Esse impulso carrega a peça do início ao fim. E, no entanto, o chamado para uma vida de íntima comunhão com Deus está amplamente ausente nos dias de hoje. É como se tivéssemos entrado atrasados no teatro e saído antes de a cortina fechar. Como resultado, temos um entendimento distorcido dessa história. Extraímos uma parte ou outra da narrativa e concluímos que ela representa a história inteira. Isso explica (em parte) como acabamos trocando a VIDA COM DEUS por uma vida SOBRE, SOB, DE ou PARA ele. Mas nosso fracasso em adotar a história completa das Escrituras não explica totalmente o nosso erro.

---

[10]. Apocalipse 5:9-10; 22:5.

A MONTANHA

O fracasso ao compreender o drama das Escrituras na íntegra, incluindo as cenas de abertura e encerramento, pode explicar parcialmente por que temos uma visão limitada da VIDA COM DEUS. Mas também devemos admitir que não vivemos no jardim do Éden e tampouco na Nova Jerusalém. Nossas vidas e toda a história registrada encontram-se entre esses dois paraísos. E, enquanto as cenas de Gênesis e Apocalipse apresentam um mundo de beleza, ordem e vivacidade abundantes, tais coisas são difíceis de encontrar em nossa experiência terrena. Vivemos em um mundo pós-Éden marcado por sofrimento e coberto por uma sombra.

O medo e o sofrimento são experiências humanas universais, e toda religião é uma tentativa de superar essa condição. Tornou-se muito popular minimizar as qualidades distintivas de cada religião ao se dizer que "todas as religiões levam ao mesmo destino". A imagem de uma montanha com vários caminhos levando ao mesmo cume é frequentemente usada. De acordo com essa metáfora, cada tradição religiosa tem um ponto de partida e um caminho diferente, mas não precisamos nos preocupar — todas convergem para o cume. Invariavelmente, essas ideias envolvem banalidades sobre "amar os outros" e "fazer o bem". Essa visão não falha apenas em honrar os ensinamentos, a cultura e a história da formação de cada religião, mas deixa escapar o desejo humano comum do qual todas as religiões emergem.

UMA OBSERVAÇÃO SOBRE AS ILUSTRAÇÕES: Ao longo do livro, você encontrará desenhos simples ilustrando os principais conceitos em cada capítulo. Eu mesmo as desenhei com um marcador, e as uso frequentemente ao tentar comunicar as verdades espirituais à nossa cultura cada vez mais visual. Eu acredito que esses rabiscos sejam tão úteis em um quadro-branco em ambientes com grandes grupos quanto num guardanapo de papel durante o almoço com um amigo. Eu os incluí aqui para te ajudar a aprender e para que você possa compartilhar as ideias de maneira simples com outras pessoas.

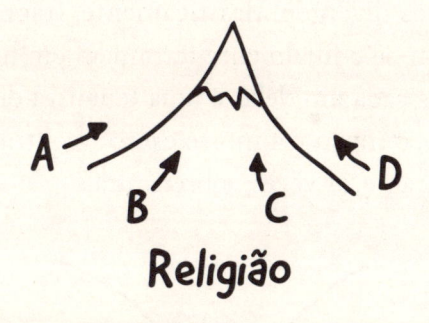

Uma imagem mais precisa inverteria essa montanha metafórica e colocaria o ponto na parte inferior para ilustrar o local de partida comum de todas as religiões. Todos compartilhamos o mesmo mundo confuso pelo caos — não podemos prever o que acontecerá conosco. Todos compartilhamos um mundo marcado pela feiura — a injustiça e o mal geralmente parecem triunfar. E todos compartilhamos um mundo atormentado pela escassez

— precisamos nos esforçar para adquirir o que necessitamos para nossa sobrevivência. A maior escassez é a própria vida: vivemos sob a sombra da morte.

Essa realidade compartilhada por todos, a natureza do mundo pós-Éden, é o motivo pelo qual todos temos medo. E, para atenuar nossos medos, buscamos controle sobre nosso mundo. Se conseguirmos subordinar e controlar as forças imprevisíveis, subjugar nosso ambiente e dominar nossas circunstâncias, poderemos, então, aliviar nossos medos — ou assim cremos.

O medo e o controle são a base de todas as religiões humanas. A partir desse ponto de partida comum, os caminhos divergem drasticamente, fragmentam-se, multiplicam-se e finalmente terminam em lugares diferentes. Mas cada um delas é uma tentativa de superar o sofrimento, o medo e a morte exercer controle sobre as forças naturais e, às vezes, sobrenaturais.

ABCD
Religião

Esse passeio pela filosofia da religião é importante se quisermos entender as quatro posturas proeminentes da VIDA SOBRE, SOB, DE e PARA DEUS, também presentes nos outros caminhos religiosos além do cristianismo. Cada uma dessas formas de se relacionar com Deus é uma tentativa de exercer controle para mitigar nossos medos. Mas o problema, como exploraremos nos capítulos seguintes, é que todas elas falham em cumprir esse objetivo. O motivo, de forma muito simples, é que o controle não é a solução para a condição humana, mas parte do problema. Isso também é revelado em um estudo do livro de Gênesis.

Embora Deus tenha criado a humanidade para viver e governar com ele, a narrativa de Gênesis 3 revela nossa relutância em acatar esse plano. Em vez de viver e governar *com* Deus, o homem e a mulher tentaram se separar dele. Essa qualidade humana é retratada em uma história conhecida por muitos: uma serpente enganou o homem e a mulher, induzindo-os a comer do fruto de uma árvore que Deus havia proibido.

"Disse a serpente à mulher: 'Certamente não morrerão! Deus sabe que, no dia em que dele comerem, seus olhos se abrirão, e vocês, como Deus, serão conhecedores do bem e do mal'.

Quando a mulher viu que a árvore parecia agradável ao paladar, era atraente aos olhos e, além disso, desejável para dela se obter discernimento, tomou do seu fruto, comeu-o e o deu a seu marido, que comeu também."[11]

Eles não pegaram a fruta apenas porque ela era apetitosa ou deliciosa. Eles a comeram porque queriam "ser

---
11. Gênesis 3:4-6.

como Deus". Foi um ato de rebelião — um golpe da criatura contra seu Criador, uma rejeição a Deus e ao seu plano de governar a Terra com seu povo. Eles não queriam mais meramente viver *com* Deus. Queriam *ser* deuses. Desejavam o controle segundo seus próprios termos.

As Escrituras e a tradição cristã chamam de pecado esse desejo rebelde de exercer controle independente de Deus. Nosso instinto básico, e compartilhado por todos os humanos, é buscar governo próprio e ter uma postura à parte de Deus. É por isso que temos tanta dificuldade em entender nosso chamado para viver com ele. E, mesmo assim, muitos de nós temos algum senso de que Deus é importante, de que ele deve ser incluído de alguma maneira em nossas vidas, mesmo que seja apenas para controlá-lo. Mas, em vez de nos envolvermos em comunhão vivificante com ele, optamos por uma das outras quatro posturas através das quais tentamos manipular, usar, persuadir ou apaziguá-lo. Desde o Éden, nossa capacidade humana de nos relacionarmos adequadamente com Deus foi severamente prejudicada. Como pilotos de avião com instrumentos defeituosos em um nevoeiro, não conseguimos perceber que voamos de cabeça para baixo, por mais sinceros que sejam nossos esforços em pilotar. Esse é o efeito do pecado.

Com esse entendimento simples de como o pecado distorceu a maneira como nos relacionamos com Deus e o papel do medo e controle na religião, vamos retornar aos quatro personagens que apresentei na abertura deste capítulo. Joel vivia *de* Deus. Ele tinha medo de perder seu negócio. Esse medo o trouxe ao meu escritório na esperança de "colocar Deus de volta ao seu lado". Joel queria usar Deus para controlar as consequências de seus negócios.

Mark vivia *sobre* Deus. Um jovem pastor ambicioso e admirador dos princípios de liderança e gestão organizacional, Mark temia que sua igreja atrofiasse como tantas outras. Em vez de perder seu tempo com práticas "não comprovadas" e inverificáveis, como a oração, ele tentava controlar o crescimento de seu ministério empregando princípios "garantidos".

Rebecca vivia *para* Deus. O maior medo dessa moça de 22 anos era a insignificância. Ao contrário daqueles que "desperdiçam" suas vidas no que ela considerava carreiras de menos importância, Rebecca queria que sua vida valesse a pena. Ela queria garantir sua significância e controlar o destino de sua vida alcançando grandes coisas para o reino de Deus.

Karen vivia *sob* Deus. Mãe carinhosa e fiel à igreja, temia que sua vida e a de sua família não fossem abençoadas. Para garantir a proteção divina contra os muitos perigos do mundo, não mediu esforços para discernir as expectativas de Deus e se submeter a elas. Karen tentou controlar Deus através de sua obediência.

O que Joel, Mark, Rebecca e Karen não possuíam era uma visão da VIDA COM DEUS. Eles entraram na fé cristã com grandes expectativas, contudo, sem ter uma visão mais elevada e bela, escolheram uma menos satisfatória. Talvez você se identifique com uma das histórias e, como eles, ainda não tenha compreendido como viver a VIDA com Deus. Nos capítulos seguintes, examinaremos mais de perto cada uma dessas quatro posturas populares, por que cada uma é tão atraente, como cada uma delas falha em nos livrar de nossos medos e corre o risco de nos "vacinar" contra as Boas-Novas de Jesus Cristo. Contudo, vamos também inserir algumas moedas na caixinha, a fim de acender as luzes e iluminar um panorama alternativo. Através de breves vislumbres desse mundo por trás das sombras, você começará a reimaginar seu relacionamento com Deus.

DISCUSSÃO EM GRUPO – CONVERSANDO *com* OUTROS

Você consegue pensar em algum momento em que "a moeda foi inserida" e um entendimento diferente de Deus foi iluminado para você? Quais foram as circunstâncias que levaram a essa nova visão?

Qual das quatro posturas populares (VIDA SOBRE, SOB, DE e PARA DEUS) descreve melhor como você se relaciona com Deus? Foi sempre assim? Você consegue pensar em momentos de sua vida em que tenha se relacionado com Deus de maneira diferente?

Se você faz parte de uma comunidade de fé ou igreja, qual postura representa melhor a maneira como sua comunidade se relaciona com Deus?

Como você define o pecado? Como isso foi ensinado a você no passado?

Qual o papel do medo em seu relacionamento com Deus?

2

Vida *sob* Deus

OS EUNUCOS

A porta do quarto foi aberta abruptamente e despertou-me do meu sono. Meu tio entrou na sala com um grande prato prateado equilibrado na cabeça. O prato continha água, flores e o que parecia ser um coco em chamas. Ao seu redor, havia um bando de mulheres dançando e cantando — pelo menos pareciam mulheres. Assim que meus olhos cansados conseguiram se ajustar à luz e focar corretamente, pude ver que havia algo estranho naqueles seres. Eram eunucos — homens castrados desde tenra idade vestidos como mulheres. Batiam palmas e tocavam sinos — seus sáris coloridos girando e brilhando à luz da manhã. Eu pensei que estava sonhando. Onde estariam o Coelho Branco, o Chapeleiro Maluco e o chá?

    Eu tinha dezenove anos e estava com meus parentes em Mumbai, na Índia, para celebrar o casamento do meu primo. Cada dia trazia consigo novas festividades e cerimônias coloridas. Gosto de pensar que sou culturalmente aberto e tolerante a tradições diferentes da minha, mas esse despertador com uma parada *desi drag* foi para além de bizarro. Por fim deixaram meu quarto e foram em direção ao resto do apartamento. Saí da cama para descobrir o que estava acontecendo.

Explicaram-me que, em algumas das tradições hindus, os eunucos são considerados sagrados e, como Deus, não têm gênero. Bandos de eunucos viajam juntos em busca de famílias celebrando casamentos, nascimentos e outros marcos que possam abençoar. Ao ouvir sobre o casamento do meu primo, eles chegaram de manhã cedo para abençoar a união e a família. Como homem da casa, meu tio se tornou a peça central da cerimônia.

Depois que as orações, a dança e a queima de frutas e verduras frescas foram concluídas, os eunucos estavam à porta do apartamento, mas nem de perto tão contentes como quando entraram. Eles discutiam com meu tio. Sem saber hindi, eu estava novamente confuso.

— O que está acontecendo? — perguntei a uma parente ao meu lado.

— Eles estão discutindo sobre o pagamento — disse ela.

— Pagamento pelo quê? — perguntei.

— Depois que abençoam a casa, os eunucos esperam ser recompensados. É assim que eles sobrevivem. Estão com raiva porque não acham que receberam o suficiente. Eles estão ameaçando amaldiçoar o casamento.

A discussão durou mais alguns minutos. Pude ver meu tio, um empresário astuto com empreendimentos desde Nova York até Hong Kong, ficando cada vez mais frustrado. Mas o medo de uma maldição tornou-se grande demais para suportar. Ele pagou o que os eunucos exigiram. Os deuses foram apaziguados. O casamento foi abençoado. Os eunucos estavam indo embora. Com a crise contornada, voltei para a cama.

A BARGANHA

A cena incomum no apartamento dos meus parentes ilustra como muitas pessoas entendem o mundo. Elas acreditam que seu chamado principal é viver sob regras divinas para evitar a calamidade. Alguns antropólogos e especialistas religiosos veem esse tipo simples de superstição como a base de todas as religiões humanas. Eles argumentam que a necessidade de apaziguar divindades é essencialmente o que todas as religiões fazem, e que nos tornamos apenas mais elaborados e sofisticados em nossa abordagem. Vamos desconsiderar qualquer teologia complicada e qualquer armadilha institucional a fim de explorarmos a religião em sua forma mais básica.

Imagine uma pequena comunidade, muitos anos atrás, morando em habitações simples e vivendo da terra. Sua sobrevivência depende de forças muito além de seu controle. *Os rebanhos irão seguir sua rota normal de migração este ano? As chuvas cairão? Os gafanhotos irão destruir as colheitas? A febre irá se espalhar?* Em vez de explicar essas forças da natureza através da ciência, como as civilizações futuras, os povos antigos personificavam as forças naturais e as vinculavam às divindades. Para eles, o universo não era governado por *leis*, mas por *vontades* — as vontades dos deuses. A primavera não chegou porque o eixo da Terra mudou e mais luz solar atingiu o hemisfério Norte. A primavera chegou porque um deus quis que ela viesse. Mas os deuses eram volúveis — sua boa vontade em relação aos mortais e a sustentação da ordem natural exigiam sacrifícios, rituais e obediência humana.

Dessa forma, a religião tornou-se o modo pelo qual as pessoas contribuíam para a conservação do universo e sua própria sobrevivência. Sistemas elaborados de superstição e rituais foram criados para nos fazer acreditar que somos mais do que vítimas passivas do acaso. Fomos convencidos de que as bênçãos ou maldições dos deuses não se sucediam aleatoriamente. Aqueles que seguiam as regras, obedeciam às exigências dos rituais e aplacavam os deuses eram recompensados com bênçãos. O castigo era reservado aos desobedientes e irreverentes. Por que seus campos não produziram tanto nessa estação quanto o de seu vizinho? Foi apenas má sorte, um método inferior de agricultura? Não de acordo com a postura VIDA SOB DEUS. Você foi menos abençoado porque seus sacrifícios não agradaram aos deuses tanto quanto os de seu vizinho. Nesse cenário, a religião é uma maneira de entender e controlar forças imprevisíveis, e, com certo senso de controle, as pessoas sentem menos medo. Pelo menos essa é a intenção.

Hoje podemos não oferecer sacrifício humano para garantir que o sol nasça, mas há muitas forças que permanecem além do nosso controle ou entendimento. *Nosso negócio terá lucro este ano? Nossos filhos continuarão saudáveis? Meu investimento pagará dividendo? Os Cubs chegarão à pós-temporada?* Quando somos confrontados com a incerteza, assim como os povos antigos, ainda nos recusamos a aceitar que somos vítimas passivas do acaso. Queremos acreditar que nossas ações podem afetar o mundo ao nosso redor — e o fazem. Nas religiões politeístas ou não-ocidentais, assim como no hinduísmo de meus parentes, o controle é frequentemente buscado através de rituais. Oferecer orações e sacrifícios é um meio de receber o favor dos deuses.

O monoteísmo, a crença em um único Deus criador, surgiu pela primeira vez há cerca de 5 mil anos e foi além do ritualismo dos sistemas religiosos mais primitivos. As religiões monoteístas — judaísmo, cristianismo e islamismo — buscam receber favor e controlar Deus em uma mistura de rituais e moralidade. Viva de acordo com as expectativas justas de Deus, nos é dito, e ele o abençoará e responderá suas orações. É uma combinação potente de superstição pagã e moralidade bíblica.

Vida Sob Deus

Embora difundida e profundamente enraizada na história e na civilização humana, a abordagem da VIDA SOB DEUS tem várias deficiências significativas. Talvez o maior problema seja que ela apenas reforça a rebelião da humanidade, que encontramos pela primeira vez na história do Éden. Lembre-se de que no Éden o homem e a mulher não se contentaram em governar *com* Deus, mas, em vez disso, queriam ser como Deus e assumir uma posição de controle. A ironia da VIDA SOB DEUS é que buscamos exercer controle *sobre* Deus através da estrita adesão a rituais e da absoluta obediência a códigos morais. É a rebelião do Éden novamente. Por meio de nossa obediência, colocamos Deus em dívida conosco e esperamos que ele cumpra nossos pedidos em troca de nossa adoração e comportamento justo.

Considere o caso de Steve Johnson, o *receiver* do Buffalo Bills. No dia 28 de novembro de 2010, os Bills enfrentavam o rival, Pittsburgh Steelers. Os Bills acabaram perdendo o jogo depois que Johnson deixou cair um passe na *end zone* durante a prorrogação. Após o jogo, via Twitter, ele culpou Deus publicamente por ter perdido a partida. Johnson escreveu: "Eu te louvo 24 horas por dia. É isso que você faz por mim? Você espera que eu aprenda algo com isso??? Como??? Eu nunca vou esquecer isso!! Jamais!!".[12]

---

[12]. Steve Johnson citado no artigo de Sean Brennan: *"Bills receiver Steve Johnson appears to blame God in tweet for awful dropped pass against Steelers"*. *NY Daily News*, 29 de novembro de 2010. Link: https://www.nydailynews.com/sports/football/bills-receiver-steve-johnson-appears-blame-god-tweet-awful-dropped-pass-steelers-article-1.450613 (acessado em 30 de maio de 2011).

A teologia por trás do tweet de Johnson é um exemplo vívido da postura VIDA SOB DEUS. O jogador de futebol prestou sua adoração a Deus ("eu te louvo 24 horas por dia") e, em troca disso, esperava receber ajuda divina em campo. Quando essa ajuda não veio, ele culpou Deus por não ter cumprido sua parte da barganha. Para Steve Johnson e muitos outros, a religião é um meio de buscar controle sobre os eventos imprevisíveis — nesse caso, um jogo de futebol americano — e receber o favor divino. Mas observe que, nesse arranjo, a criatura (Steve Johnson) assume a posição de autoridade acima do Criador (Deus).

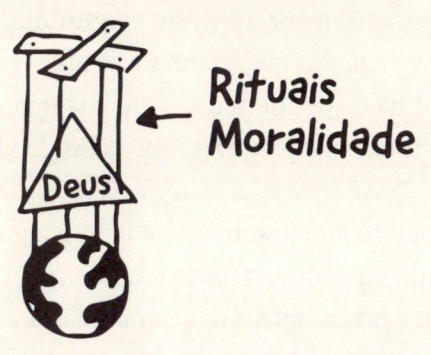

← Rituais
  Moralidade

À primeira vista, a postura VIDA SOB DEUS é incrivelmente atraente. Promete tirar nossos medos e obter bênção divina. Mas, se você morder a isca, descobrirá que foi enganado. A VIDA SOB DEUS não pode ser uma forma de restabelecer um relacionamento com nosso Criador, porque, na verdade, é uma tentativa de derrubar Deus de seu lugar de direito. Podemos nos ver como homens e mulheres de Deus, devotos, religiosos, humildes e até morais. Mas, na verdade, assim como Judas, estamos traindo nosso Senhor com um beijo.

Além disso, assim como Steve Johnson aprendeu em sua derrota na prorrogação para o Steelers, a abordagem da VIDA SOB DEUS está fadada ao fracasso. Por mais que desejemos controlar Deus, a história comprova que ele é notoriamente não cooperativo. Para cada exemplo de oração ou ritual que tem resultado positivo, há um em que o devoto não se deu bem. Considere a história contada por Marco Túlio Cícero sobre Diágoras, um grego antigo que não acreditava nos deuses. Foram mostradas a ele pinturas retratando os fiéis que oraram e foram consequentemente salvos de um naufrágio, mas Diágoras não ficou convencido. Em vez disso, ele perguntou: "Onde estão as imagens daqueles que oraram e se afogaram?".[13] É claro que não havia nenhuma. Os mortos têm dificuldade em compartilhar suas histórias sobre a infidelidade dos deuses. Ao selecionar apenas as histórias daqueles cujas adorações funcionaram, um argumento é criado a partir do silêncio, validando a postura VIDA SOB DEUS.

Isso ainda acontece nas comunidades cristãs de hoje. É dito a muitos cristãos que, se eles obedecerem aos mandamentos de Deus, se o adorarem, doarem financeiramente à igreja e se abstiverem da imoralidade, ele os abençoará. Esses argumentos são validados por histórias de pessoas com as quais essa abordagem funcionou. Esta mensagem é particularmente poderosa entre os adolescentes. Lembro-me de estar sentado em uma grande reunião de adolescentes enquanto um conhecido líder cristão exaltava as virtudes da abstinência sexual antes do casamento. O

---

13. Cicero, *De Natura Deorum*, 3.89.

pregador nos prometeu de tudo, desde melhores notas e desempenho no esporte, até sexo escandalosamente satisfatório depois do casamento. E tudo isso estava vinculado às garantias das bênçãos de Deus por nossa obediência. Testemunhos foram compartilhados por cristãos sobre como Deus havia abençoado seus casamentos porque "o amor verdadeiro espera". Obviamente, nenhuma história foi compartilhada pelos crentes que esperaram até o casamento e agora estavam divorciados.

O que acontece quando um jovem adulto cumpre seu lado da barganha e sente que Deus falhou em cumprir o dele? O que acontece quando esse jovem o adora 24 horas por dia, sete dias por semana e ele ainda deixa a bola cair na *end zone*? O que acontece quando o casamento de alguém não é feliz, suas notas não são boas o suficiente para entrar na universidade de prestígio ou a vida não sai como o planejado? Matt Chandler, um pastor do Texas, acredita ser isso que contribui para o fenômeno dos "desigrejados".[14] Os jovens que cresceram em comunidades cristãs estão sendo ensinados a ter uma visão de fé da VIDA SOB DEUS. E, quando Deus inevitavelmente se recusa a se submeter às nossas tentativas de controle por meio da moralidade e de rituais, eles se tornam céticos e abandonam a igreja e, em muitos casos, a fé. A barganha acabou se tornando uma fraude.

---

14. Matt Chandler, *"Preaching the Gospel to the De-Churched"* (aula, Advance 09, Durham, Carolina do Norte, 4 de junho de 2009).

OS CRUZADOS

No capítulo 1, exploramos como o medo e o sofrimento são experiências humanas universais e como toda religião é uma tentativa de superá-los. A VIDA SOB DEUS não é exceção. Essa forma de religião procura mitigar nossos medos, oferecendo-nos o controle sobre o divino e, portanto, certo grau de previsibilidade em um universo perigoso e imprevisível. Pelo menos é o que a VIDA SOB DEUS tenta fazer. Na realidade, viver sob Deus não reduz nossos medos, e pode ser argumentado que isso, na verdade, fez do mundo um lugar mais perigoso e assustador.

Os antigos tentaram entender este universo aparentemente aleatório e caótico associando as forças da natureza e do tempo aos deuses. O Sol é uma bola gigante de hidrogênio e hélio que irradia energia gerada pela força da gravidade. As pessoas não podem controlar ou discutir com a fusão solar. Mas um *deus* solar, isso é um outro caso. Se personalidades — em vez de leis imutáveis — dirigem o universo, a manipulação humana se torna possível.

Em vez de eliminar nossos medos, essa abordagem apenas os transferiu. Acreditar que desastres, doenças e mortes são distribuídos ao acaso pode não ser reconfortante, mas o pensamento de um deus vingativo distribuindo dor e infortúnio é absolutamente aterrorizante. Seguir regras e evitar a calamidade já é bastante difícil neste mundo, agora ainda tenho que me preocupar em não ficar mal na fita com Deus também? A VIDA SOB DEUS não resolve nosso problema do medo;

simplesmente nos deixa com medo de Deus, e não apenas de sua criação.

Isso não quer dizer que as instruções morais de Deus sejam ruins. Tanto no Antigo Testamento quanto no Novo, é claro que Deus emite seus mandamentos para nosso benefício e proteção. Ele nos convida a obedecer para que "te vá bem na Terra".[15] Suas instruções foram projetadas para nos ajudar a navegar por este mundo, mas quando a moralidade vira moralismo, nossos medos são mais agravados do que aliviados.

Prosseguindo além do escopo individual, coisas ainda mais destrutivas ocorrem quando a postura VIDA SOB DEUS domina uma comunidade. Se a bênção ou a calamidade resultam da obediência às regras de Deus, manter todos na linha se torna a missão primordial dos líderes religiosos. A fé se reduz ao dogmatismo — adesão a rígidos códigos morais e imposição de limites e regras. Em tais lugares, o clero funciona como policiais divinos e cruzados culturais, garantindo que ninguém viole a vontade do Todo-Poderoso, porque isso não coloca apenas o indivíduo em risco, mas toda a comunidade.

Às vezes, isso se manifesta de forma benigna. No início do século XX, muitos cristãos fundamentalistas nos Estados Unidos foram proibidos de jogar cartas, dançar ou ir ao cinema. Aqueles que praticavam tais coisas eram simplesmente abandonados pela comunidade e considerados "mundanos". Mas a imposição de uma expectativa religiosa rigorosa sobre comunidades pode se transformar

---

15. Deuteronômio 5:16.

em algo mais perigoso rapidamente. Em março de 2010, a Autoridade Palestina em Gaza decidiu que os homens não poderiam mais trabalhar em salões de beleza femininos. A lei estava em conformidade com o ensino islâmico conservador. A ordem dizia: "Qualquer pessoa que violar esta decisão será presa e julgada". Nos últimos anos, homens que trabalham em salões foram alvos de ataques violentos.[16]

Embora tenha se tornado comum censurar algumas culturas islâmicas pela aplicação cruel da lei religiosa — como apedrejar mulheres adúlteras ou forçá-las a esconder o rosto e proibi-las de dirigir —, devemos lembrar que as culturas ocidentais também têm uma história sórdida. Não muito tempo atrás, pessoas suspeitas de bruxaria foram executadas e hereges foram queimados. Mas, à medida que as sociedades ocidentais foram se secularizando, elas começaram a condenar a imposição de leis religiosas sobre seus cidadãos. Este fato ficou bem evidente na fundação dos Estados Unidos e em sua Declaração de Direitos, na qual as autoridades civis e religiosas foram separadas.

Nas sociedades seculares, a adesão aos mandamentos de Deus se tornou uma questão de consciência individual, mas isso colocou os seguidores das religiões tradicionais em um dilema. Eles acreditam que as bênçãos ou as maldições de Deus são determinadas pela obediência aos seus mandamentos, mas não têm mais o poder para impor suas

---

16. *"Hamas bans men from working in women's hairdressers"*. *The Telegraph*, 5 de março de 2010. Link: http://www.telegraph.co.uk/news/worldnews/middleeast/palestinianauthority/7371960/Hamas-bans-men-from-working-in-womens-hairdressers.html (acessado em 30 de maio de 2011).

convicções religiosas sobre toda a comunidade. Em vez disso, precisam buscar cruzadas culturais usando canais, como a política e a cultura popular, para transmitir seus valores às massas. Os horríveis eventos do 11 de setembro de 2001 revelam o que acontece quando a abordagem VIDA SOB DEUS é levada para fora dos canais prescritos de uma sociedade livre.

Três anos antes dos ataques, os líderes da Al-Qaeda emitiram uma *fatwa* (um pronunciamento legal islâmico) denunciando a presença de tropas americanas na Península Árabe — "o mais sagrado de todos os lugares". Acreditando que a América estava desafiando a vontade de Deus, a Al-Qaeda fez o seguinte comunicado:

"...em conformidade com a ordem de Allah, emitimos a seguinte *fatwa* para todos os muçulmanos: A decisão de matar os americanos e seus aliados — civis e militares — é um dever individual de todos os muçulmanos".[17]

Quando os Estados Unidos fracassaram em remover suas forças da Arábia Saudita, como exigido, dezenove jovens usaram aviões como se fossem mísseis guiados, matando mais de 3 mil americanos em Manhattan, Washington DC e Pensilvânia. Os terroristas acreditavam que estavam obedecendo à vontade de Deus e seriam recompensados por sua obediência.

---

17. *"Jihad Against Jews and Crusaders"*. World Islamic Front Statement, 23 de fevereiro de 1998. Link: http://www.fas.org/irp/world/para/docs/980223-fatwa.htm (acessado em 30 de maio de 2011).

Mas os autores dos ataques de 11 de setembro não foram os únicos a demonstrar os efeitos trágicos da postura VIDA SOB DEUS. Logo após os ataques, um proeminente líder cristão nos Estados Unidos fez a seguinte declaração:

"Eu realmente acredito que os pagãos, os abortistas, as feministas, os gays e as lésbicas que tentam ativamente fazer destes um estilo de vida alternativo, a União Americana pelas Liberdades Civis (ACLU), o *People For the American Way* ("Povo pelo estilo americano", tradução livre), todos os que tentaram secularizar os Estados Unidos. Aponto o dedo na cara deles e digo a cada um: 'você contribuiu para isso acontecer'".[18]

Ele esclareceu posteriormente suas observações citando as Escrituras e sua crença de que a imoralidade de seu país levou Deus a remover sua mão de proteção sobre o país.

Infelizmente, esse tipo de julgamento não é incomum quando acreditamos que viver *sob* Deus é a essência da fé cristã. Outros líderes da igreja fizeram comentários semelhantes depois que o furacão Katrina atingiu a costa do Golfo, em 2005, e após o devastador terremoto de 2010 no Haiti. Presumivelmente, de acordo com essa lógica, a forma de impedir ataques terroristas e desastres naturais (para não mencionar perder o jogo contra o Pittsburgh Steelers na prorrogação) é ganhar a proteção do

---

18. Jerry Falwell citado em *"Falwell apologizes to gays, feminists, lesbians"*. *CNN*, 14 de setembro de 2001. Link: http://archives.lesbians.cnn.com/2001/US/19/14/Falwell.apology.html (acessado em 30 de maio de 2011).

Todo-Poderoso através de um comportamento moral adequado, adesão à oração cotidiana, viver de acordo com os valores tradicionais da família e ir à igreja frequentemente.

Eventos como o 11 de setembro, e o santo apontar dedo que se seguiu, dão munição aos críticos da religião, como o ateu declarado Christopher Hitchens. O colunista da *Vanity Fair* e autor do livro best-seller *Deus não é grande: como a religião envenena tudo* traz um argumento convincente de que a religião acrescenta mais medo ao nosso mundo do que o reduz. Mas uma análise da crítica de Hitchens à religião mostra que ele reage principalmente contra a postura VIDA SOB DEUS, preservada por muitos que reivindicam rótulos religiosos.

Em um debate sobre os méritos da religião com o ex-primeiro ministro britânico Tony Blair (um engajado católico romano), Hitchens perguntou: "Você acha que é bom para o mundo adorar uma divindade que toma partido em guerras e em assuntos humanos e recorre aos nossos medos e nosso sentimento de culpa? Você acha que isso é bom para o mundo?".

Blair respondeu salientando como a religião também motiva muitas pessoas a realizar ações boas e caridosas. Ele citou como exemplo os acordos de paz na Irlanda do Norte. Hitchens rechaçou a declaração de Blair dizendo:

"É muito comovente para Tony dizer que ele foi recentemente a uma reunião a fim de diminuir a divisão religiosa na Irlanda do Norte, mas o que causou essa divisão? Há mais de quatrocentos anos, o meu país natal vê pais matando filhos por causa do tipo de cristão que escolheram ser".

Hitchens continuou culpando a religião por impedir a paz no Oriente Médio, por subjugar as mulheres em muitas sociedades e fomentar o genocídio de 1994 em Ruanda — país onde 90% da população afirma ser cristã.

Após o debate entre Hitchens e Blair, foi feita uma pesquisa entre os espectadores: 68% afirmaram acreditar que a religião é uma força mais destrutiva do que benigna no mundo.[19]

É difícil argumentar contra as evidências de Christopher Hitchens de que a religião tradicional alimenta a violência, o fanatismo e a opressão e, portanto, aumenta o medo e o sofrimento em nosso mundo (no capítulo 3, exploraremos por que a solução prescrita por Hitchens, o ateísmo, é igualmente falha contra esses problemas). Se a VIDA SOB DEUS pretendia reduzir nossos medos e fornecer um controle maior sobre um mundo imprevisível, ela foi um completo fracasso. Qualquer forma de VIDA COM DEUS baseada no medo e na luta pelo controle não poderá nos livrar daquilo que atormenta a humanidade — ou seja, medo e o anseio por controle.

---

19. Charmaine Noronha, *"Tony Blair, Christopher Hitchens Debate Religion"*. *The Huffington Post*, 27 de novembro de 2010. Link: https://www.huffpost.com/entry/hitchens-v-blair-religion_b_788729 (acessado em 30 de maio de 2011).

O JUGO

Isso pode surpreender algumas pessoas, mas acredito que às vezes Christopher Hitchens é parecido com Jesus. Assim como Hitchens, Jesus frequentemente se pronunciava contra a hipocrisia e os danos infligidos pelo sistema religioso de sua época.

Como esperado, a postura VIDA SOB DEUS dominou a cultura judaica 2 mil anos atrás. A crença popular sobre Deus seguia uma fórmula simples: Deus abençoava os justos e amaldiçoava os injustos. Obedeça a seus mandamentos, ensinavam, e será possível evitar doenças, acumular riquezas e receber o favor de Deus e dos homens. A equação funcionava também de outra maneira. Aqueles com bênçãos materiais eram vistos como justos, e aqueles que sofriam, sofriam porque eram pecadores.

Essa formulação da VIDA SOB DEUS é claramente exibida em João 9. Quando Jesus encontrou um homem cego, seus seguidores lhe perguntaram: "Mestre, quem pecou: este homem ou seus pais, para que ele nascesse cego?". Na visão deles, a cegueira era uma maldição, um julgamento proferido por Deus em resposta à desobediência de alguém. Mas Jesus rapidamente refutou essa proposição: "Nem ele nem seus pais pecaram, mas isto aconteceu para que a obra de Deus se manifestasse na vida dele".[20] Então restaurou a visão do homem.

Em outra situação, vemos uma suposição oposta por parte dos seguidores de Jesus. Depois que um homem

---
20. João 9:2-3.

muito rico recusou um convite para doar seus bens e segui-lo, Jesus disse: "Como é difícil aos ricos entrar no Reino de Deus! De fato, é mais fácil passar um camelo pelo fundo de uma agulha do que um rico entrar no Reino de Deu".[21] A declaração surpreendeu àqueles que a ouviram. A crença popular era de que Deus havia abençoado os ricos — aqueles que possuíam saúde, riqueza e conforto — por causa de sua devoção justa. Ser rico era uma prova tangível da aprovação de Deus. Mas Jesus declarou o contrário — a riqueza pode virar uma barreira até Deus, portanto não é necessariamente uma bênção dele.

Em todas as oportunidades, Jesus desconstruiu a postura VIDA SOB DEUS em sua cultura. Desobediência não significava automaticamente que a calamidade se abateria sobre você. Obediência às regras não garantia bênçãos materiais, tampouco evitava dificuldades. Mas Jesus reservou suas críticas mais severas aos líderes religiosos que promoviam e se beneficiavam desse sistema corrupto.

Jesus, então, levantou-se contra esses líderes (Mateus 23). Fez duas acusações primordiais contra eles. Primeiro: "Eles atam fardos pesados e os colocam sobre os ombros dos homens [...]".[22] A visão VIDA SOB DEUS enfatiza apaziguar Deus por meio de comportamentos específicos — seja na forma de rituais ou moralidade. As religiões formais, bem como seus líderes, frequentemente criam listas elaboradas de requisitos penosos para seus seguidores — considerados "fardos pesados" condenados por Jesus. A tentativa de fazer com que todos sigam as regras e vivam

---
21. Lucas 18:24-25.
22. Mateus 23:4.

de acordo com as expectativas divinas, assim como os regimes islâmicos opressivos e os fundamentalistas cristãos tentam impor hoje, não é o que Deus quer para o seu povo. Não é como nos libertaremos do medo e do mal.

A lista de requisitos que os religiosos devotos deveriam obedecer no Israel antigo era chamada de "jugo". Em contraste com o fardo pesado que outros mestres colocavam sobre os ombros de seus seguidores, Jesus disse: "Venham a mim, todos os que estão cansados e sobrecarregados, e eu darei descanso a vocês. Tomem sobre vocês o meu jugo e aprendam de mim, pois sou manso e humilde de coração, e vocês encontrarão descanso para as suas almas. Pois o meu jugo é suave e o meu fardo é leve".[23]

A segunda acusação de Jesus contra os líderes religiosos era a hipocrisia. Lembre-se de que a postura VIDA SOB DEUS é obcecada por comportamentos — seguir rituais e obedecer ordens. Essa maneira de se relacionar com Deus preocupa-se com ações externas e visíveis. *Você ofereceu um sacrifício? Você foi ao culto da igreja? Você come os alimentos certos e usa as roupas certas?* Mas o que a VIDA SOB DEUS não consegue fazer é enxergar o coração de alguém. Embora os comportamentos de uma pessoa possam estar em conformidade com as expectativas impostas, o interior ainda pode estar consumido por ódio, ganância, orgulho, luxúria e falsidade.

Foi isso que Jesus viu nos líderes religiosos de Israel. Ele reconheceu que seus comportamentos externos *pareciam* justos, mas internamente eles haviam perdido o que

---

23. Mateus 11:28-30.

era realmente importante. Jesus disse: "Vocês dão o dízimo da hortelã, do endro e do cominho, mas têm negligenciado os preceitos mais importantes da lei: a justiça, a misericórdia e a fidelidade".[24] A vida deles simbolizava o problema da postura VIDA SOB DEUS — na superfície, tudo parece perfeito, mas se formos um pouco mais a fundo, não cheira nada bem.

Esta é a própria definição de hipocrisia: o exterior não corresponde ao interior. Jesus descreveu esses defensores da VIDA SOB DEUS com duas metáforas desagradáveis. Primeiro, disse que eles eram como louça suja. Limpavam a parte externa do copo e do prato para parecerem bons, mas por dentro permaneciam imundos — cheios de ganância e cobiça.[25] E, finalmente, ele os chamou de "sepulcros caiados". Por fora eram limpos e bonitos, mas interiormente "estão cheios de ossos".[26]

Túmulos e louça suja não são o que Deus tinha em mente para o seu povo. Jesus modelou uma abordagem diferente. Como já vimos, anunciou que o que pedia — o seu "jugo" — não era pesado. Ele não esperava que as pessoas praticassem rituais árduos ou vivessem sob a ameaça constante da ira de Deus por suas falhas morais. E não ensinou que apenas aqueles que atingissem certo nível de religiosidade teriam acesso a Deus. Na realidade, Jesus mostrou valores profundamente divergentes daqueles encontrados na VIDA SOB Deus. O principal era sua hospitalidade incondicional.

---

24. Mateus 23:23.
25. Mateus 23:25.
26. Mateus 23:27.

Jesus recebia a todos, inclusive aqueles considerados injustos. Ele era visto regularmente na casa de pessoas consideradas pertencentes à "lista de crianças levadas" de Deus e costumava compartilhar sua mesa com prostitutas e ladrões. Em várias ocasiões, os líderes religiosos questionaram Jesus sobre sua atitude: "Por que vocês comem e bebem com publicanos e pecadores?".[27] Eles ficaram chocados com a ideia de um rabino e profeta como Jesus se contaminar e correr o risco de provocar a ira de Deus ao ter comunhão com a escória. A fim de mostrar amor e compaixão para com aqueles que estavam sofrendo, Jesus também fez questão de quebrar costumes e rituais religiosos. Enquanto os líderes religiosos buscavam obediência e conformidade de comportamento, Je sus procurou acolher as pessoas de volta no relacionamento com Deus. Ele inspirou amor e compaixão, não simplesmente o sacrifício.

Por meio de suas palavras e ações, Jesus revelou a falência da postura VIDA SOB DEUS. Ela não nos livra do medo. Tampouco pode nos reconectar com Deus. E, na maioria dos casos, ela apenas sobrecarrega as pessoas com o peso da culpa, do medo e da religiosidade vazia. O problema da postura VIDA SOB DEUS pode ser resumido nas palavras do profeta Isaías, a quem Jesus citou ao repreender as autoridades religiosas: "Este povo me honra com os lábios, mas o seu coração está longe de mim. Em vão me adoram; seus ensinamentos não passam de regras ensinadas por homens".[28]

---

27. Lucas 5:30.
28. Isaías 29:13; Mateus 15:8-9.

DISCUSSÃO EM GRUPO – CONVERSANDO *com* OUTROS

Você consegue se lembrar de um momento em que tentou "barganhar" com Deus? Que tipo de acordo foi esse? Como isso aconteceu?

O que te motiva a obedecer aos mandamentos de Deus? O que você espera alcançar? O que isso revela sobre seus desejos mais profundos?

Existe uma hierarquia explícita ou implícita de pecados em sua comunidade? Você pode discernir quando a moralidade vira moralismo?

Que tipo de "fardo pesado" você experimentou nas comunidades religiosas? Você já passou pela tentação da hipocrisia? Como a mensagem de Jesus nos liberta dessa tendência?

3
Vida *sobre* Deus

O SONHO

No capítulo anterior, vimos como a religião tradicional, a VIDA SOB DEUS, falha em nos libertar do medo. Para piorar a situação, muitos daqueles que foram levados à necessidade de apaziguar Deus, e seguir estritamente o que acreditavam ser seus mandamentos, infligiram danos incalculáveis. Eles usaram o medo, a culpa e, às vezes, a violência para forçar outros a viver sob o pesado jugo de sua religião. Esse comportamento levou o ateu Christopher Hitchens a argumentar que o mundo seria um lugar mais pacífico e equitativo sem a fé em Deus. E ele não é o único.

Em 1971, John Lennon lançou sua composição chamada "Imagine". Na letra, Lennon se descreve como "um sonhador", que imagina um mundo sem nações nem religião. Sem isso, diz ele, não haveria "nada para matar ou morrer". Depois que as ideias sobre céu, inferno e Deus são removidas, torna-se possível "imaginar todas as pessoas vivendo a vida em paz".

A música se tornou um sucesso instantâneo. E, apesar das várias músicas magníficas que ele compôs e tocou com os Beatles, "Imagine" tornou-se a música mais famosa de Lennon. A revista *Rolling Stone* chegou a colocá-la em terceiro lugar na lista de "As 500 Melhores Músicas de Todos os Tempos".[29]

Existem inúmeras razões pelas quais "Imagine" deixou uma marca tão profunda na cultura popular. Além da bela melodia e dos vocais simples de Lennon, a música foi lançada em um período tumultuoso — a Guerra do Vietnã, o movimento dos direitos civis, a Guerra Fria e os assassinatos de John Kennedy, Martin Luther King Jr. e Robert Kennedy pairavam como uma nuvem sobre uma geração de jovens idealistas. E então ocorreu o assassinato de John Lennon, em 1980. Sua morte trágica acrescentou ainda mais peso ao seu sonho.

Em outubro de 2010, uma grande multidão de fãs de Lennon se reuniu, não muito longe do local de sua morte, para comemorar seu aniversário de 70 anos. Eles cantaram suas canções e lembraram do sonho de um mundo sem religião — um mundo em paz. Reuniram-se no Lennon's Memorial, no Central Park de Nova York — um grande mosaico circular com uma única palavra destacada no centro: "IMAGINE".

---

29. *"500 Greatest Songs of All Time"*. *Rolling Stone*, 7 de abril de 2011. Link: http://www.rollingstone.com/music/lists/the-500-greatest-songs-of-all-time-20110407/john-lennon-imagine-19691231 (acessado em 30 de maio de 2011).

Ironicamente, enquanto os fãs de Lennon se reuniam para celebrar seu sonho de um mundo sem religião, marcado pela unidade e pela paz, a maior organização de ateus do país se reunia em Los Angeles para uma conferência, que acabou marcada por dissidência e conflito. O Conselho do Humanismo Secular (*The Council for Secular Humanism*) se reuniu para ridicularizar cristãos, judeus e muçulmanos. A fé religiosa era descrita como "absurda" e "superstição", e seus partidários eram descritos como "ignorantes" e "burros".[30]

Mas o que chamou a atenção do *Los Angeles Times* foi o conflito acalorado que eclodiu entre duas facções rivais dentro do próprio movimento ateísta. De um lado estavam os "neoateus", que defendem o confronto aberto com os crentes religiosos. Em vez de uma abordagem de boa vizinhança, eles acreditam que a religião deve ser denunciada pela farsa que é (Christopher Hitchens é um dos líderes mais proeminentes do neoateísmo).

Do outro lado estão os "acomodacionistas". Esses ateus moderados não acreditam que o confronto direto com os religiosos seja justificável. Defendem a parceria com indivíduos e instituições religiosas para promover questões de interesse mútuo.

A conferência dos líderes "pós-religião" dificilmente poderia ser considerada uma reunião utópica da razão e do diálogo ponderado. O *LA Times* a descreveu como tensa e observou que a discussão entre as duas facções foi

---

30. Mitchell Landsberg, *"Religious skeptics disagree on how aggressively to challenge the devout"*. *Los Angeles Times*, 10 de outubro de 2010.

contenciosa ao ponto de quase virar um conflito físico.[31] Talvez a renúncia a Deus e à religião não seja uma receita garantida para a paz, como John Lennon havia imaginado.

Muitas pessoas gostariam de acreditar que os problemas que assolam nosso mundo poderiam ser resolvidos se simplesmente deixássemos as ideias divergentes de lado, sendo a religião a principal delas, e trabalhássemos em direção a um futuro mais harmonioso. Foi sobre isso que John Lennon cantou em "Imagine". Esta é também uma definição adequada da postura VIDA SOBRE DEUS — a humanidade vivendo sem Deus e livre da temível superstição religiosa. Mas essa visão ignora duas questões críticas — a natureza humana e a história.

Václav Havel, ex-presidente da República Tcheca, foi preso por resistir aos comunistas durante as décadas de 1970 e 1980. Quando Havel foi liberto e eleito presidente, ele surpreendeu muitos ao declarar abertamente o perdão aos seus inimigos políticos. Alguns o criticaram por essa postura e a interpretaram erroneamente como um sinal de fraqueza. Mas Havel lembrou o povo tcheco que "a linha entre o bem e o mal não é claramente delineada entre 'eles' e 'nós', mas está dentro de cada pessoa".[32]

Como vimos no capítulo anterior, as pessoas são capazes de coisas terríveis quando impulsionadas por um senso de imperativo divino. Mas a remoção da motivação religiosa não contribui em nada para diminuir a capacidade

---
31. Landsberg, *"Religious skeptics"*.
32. *Václav Havel quoted in Timothy Garton Ash, "The Truth about Dictatorship"*. New York Times Review of Books, 19 de fevereiro de 1998, pp. 36-37.

humana de fazer o mal. Isso porque, como disse Václav, o mal não é uma força construída externamente ou o produto da doutrina religiosa. O mal se move em cada coração humano. Portanto, se eliminarmos a religião, essa motivação específica para o conflito pode até desaparecer, mas as pessoas certamente encontrarão outro motivo para lutar e matar umas às outras. A escravidão ao pecado não é menos real nas sociedades seculares do que nas religiosas. Nossa natureza humana destruída e a história confirmam dolorosamente essa realidade.

Alguns dos regimes mais opressivos do século XX foram construídos sobre os fundamentos filosóficos do ateísmo secular. É difícil determinar números precisos, mas, durante a União Soviética de Stalin, cerca de 20 milhões de pessoas foram mortas. A Revolução Cultural de Mao, na China, resultou em 65 milhões de mortes. E o Khmer Vermelho dizimou uma geração inteira, 2 milhões de pessoas, nos campos de extermínio do Camboja, poucas décadas atrás. A opressão continua na Coreia do Norte, onde pelo menos 2 milhões de pessoas já foram mortas.[33]

Muitas das críticas à VIDA SOB DEUS são justificadas, mas a VIDA SOBRE DEUS não se difere dela. O humanismo secular não demonstra nenhum registro de remoção de medo, da promoção da paz ou de progresso a um mundo mais justo e verdejante. Os defensores do ateísmo podem sonhar com um mundo melhor sem religião, mas a solução deles nos faz ir de mal a pior.

---

33. Stéphane Courtois, e outros. *O Livro Negro do Comunismo: Crimes, Terror e Repressão* (Rio de janeiro, RJ: Bertrand Brasil; Edição: 15, 7 de outubro de 1999).

A MAÇÃ

O meu objetivo não é construir um argumento filosófico ou cultural contra o ateísmo. Outros já fizeram isso nos últimos anos em resposta aos "neoateus", e não sinto necessidade de repetir seu trabalho. Minha preocupação é com aqueles que afirmam possuir a fé cristã e até mesmo congregam em uma igreja local, mas, na verdade, têm a mesma postura VIDA SOBRE DEUS que os ateus. Sei que isso pode parecer estranho, mas há muitos cristãos cujo entendimento da fé foi moldado pelas mesmas forças culturais, históricas e filosóficas que impulsionaram o ateísmo. Como resultado, eles praticam uma fé que tem pouco espaço ou necessidade de Deus.

Vida Sobre Deus

A forma contemporânea da postura VIDA SOBRE DEUS pode ter sua origem traçada até um evento aparentemente inconsequente que aconteceu em 1666. Isaac Newton, o conhecido físico inglês, estava contemplando a natureza do universo em seu jardim quando viu uma maçã cair de uma árvore. Newton se perguntou: por que a maçã sempre cai em direção à terra? Por que não de lado ou para cima?

A queda da maçã deu início a uma série de eventos que levaram Newton à formulação da lei da gravidade. O trabalho de Newton na física, na matemática e na astronomia acabou por inaugurar uma revolução no pensamento científico chamada Iluminismo.

O Iluminismo mudou fundamentalmente a maneira como as pessoas viam o cosmos e se relacionavam com ele. Imagine que a maçã de Newton representa o universo. A crença pré-iluminista era que, se você descascasse a maçã e a cortasse ao meio, no centro do universo, encontraria a vontade divina. A VIDA SOB DEUS, sob a ótica das religiões tradicionais, como exploramos no capítulo 2, afirma que o universo é sustentado pela misteriosa vontade dos deuses ou de Deus. Nessa postura, os humanos procuram mitigar seus medos ao controlar o Deus que controla o mundo, manipulando-o através de rituais ou da moralidade.

Mas a revolução científica e o pensamento iluminista apresentaram uma visão muito diferente do universo. Eles afirmavam que, se cortássemos a maçã no meio, não encontraríamos em seu centro a vontade divina, mas a lei natural. O universo não era sustentado por divindades caprichosas, mas por princípios previsíveis e racionais. Essa visão do cosmos mudou completamente o entendimento do nosso lugar nele. O desejo de controlar nosso ambiente e mitigar nossos medos não exigia mais a necessidade de apaziguar Deus. Agora, a nova visão afirma que o universo funciona como uma máquina, e nosso trabalho é entender como ele opera e usar as vantagens desses princípios para controlá-lo. Os humanos poderiam descobrir as leis imutáveis que governavam tudo, desde o movimento dos planetas até as origens da vida, usando a matemática e o método científico.

Vontade

Foram necessárias centenas de anos para que as implicações desse novo entendimento do universo fossem empregadas na prática, porém ainda são difíceis de ser encontradas em algumas partes subdesenvolvidas do mundo. Mas, na maioria das culturas modernas, é evidente que a visão iluminista ofuscou a visão tradicional do mundo. Antes do Iluminismo, por exemplo, uma doença levaria as pessoas a procurar seus líderes religiosos para receber oração. Elas buscavam a misericórdia de Deus através de rituais e sacrifícios. Hoje em dia, uma enfermidade leva a maioria das pessoas à farmácia atrás de remédios. A ciência explica por que ficamos doentes e produz produtos químicos para restaurar nossa saúde. O medo ainda nos leva a buscar o controle, mas agora esse controle é alcançado através da ciência, e não mais pela superstição.

As culturas pós-iluministas desbancaram Deus do lugar que ele uma vez havia ocupado. A fé e a religião foram marginalizadas e restritas a poucos aspectos da existência humana, aqueles que a ciência (ainda) não pode explicar e controlar. Para alguns, esse novo entendimento do universo fez mais do que marginalizar Deus: eliminou-o por completo. Mas a vasta maioria dos americanos ainda acredita em Deus, apesar de livros na lista de best-sellers e do aumento da atenção dada a ateus influentes como Christopher Hitchens e Richard Dawkins. Uma pesquisa de 2008 realizada pelo Pew Research Center descobriu que apenas 1,6% dos americanos são ateus.[34]

$$E = MC^2$$
Lei

Embora a crença em Deus continue popular, o entendimento da maioria das pessoas sobre o próprio Deus e o modo de nos relacionarmos com ele foi severamente afetado pelo pensamento iluminista. De fato, estudos sociológicos recentes concluíram que a maioria dos americanos não tem uma visão tradicional ou bíblica de Deus.

Eles, inconscientemente, aderiram a uma forma de deísmo. O deísmo, diferentemente do ateísmo, afirma que Deus existe e criou o universo, mas agora ele está distante e relativamente desinteressado nos assuntos da vida corriqueira. A analogia do relojoeiro é frequentemente usada para ilustrar o deísmo: Deus construiu o cosmos

---

34. Pew Forum on Religion and Public Life, *U.S. Religious Landscape Survey* (Washington: Pew, 2008), 5. Link: https://www.pewforum.org/2008/06/01/u-s-religious-landscape-survey-religious-beliefs-and-practices/ (acessado em 30 de maio de 2011).

e colocou todas as engrenagens e molas necessárias (leis naturais) em vigor. Então, ele deu corda antes de se afastar. Agora o universo opera automaticamente, sem exigir seu envolvimento direto.

Seja ateísmo ou deísmo, a implicação prática é a mesma — Deus simplesmente não tem influência na existência cotidiana de alguém. E os medos e as incertezas que marcam a experiência humana são enfrentados da mesma maneira — pela busca de controle. A VIDA SOB DEUS procura o controle do mundo através da religião, manipulando Deus através de rituais ou moralidade. A VIDA SOBRE DEUS considera esse comportamento como uma superstição irracional. Ela busca descobrir como o mundo funciona, a fim de ter o controle e então implementar diretamente os princípios corretos. A VIDA SOBRE DEUS corta efetivamente o intermediário, dando-nos controle direto sobre nossas próprias vidas.

△ Deus ← Leis Princípios

Muitas das batalhas nas chamadas "guerras culturais" podem ser explicadas pelo modo divergente com que os *sob* e *sobre* Deus interpretam o mundo. Por exemplo, pesquisas científicas comprovaram que ensinar os adolescentes sobre sexo seguro e o uso de preservativos reduz infecções sexualmente transmissíveis (ISTS). Em muitas comunidades, no entanto, as crenças religiosas determinam que apenas a abstinência sexual deve ser ensinada, apesar das evidências de que os programas de abstinência são ineficientes em reduzir o número de adolescentes sexualmente ativos.[35] A batalha pela educação sexual nas escolas públicas é frequentemente travada entre aqueles com uma cosmovisão científica (VIDA SOBRE DEUS) e aqueles com uma cosmovisão religiosa (VIDA SOB DEUS). Uma preza a evidência empírica e a outra, a moral bíblica.

Vamos analisar as discussões recentes nos Estados Unidos sobre pendurar quadros com os Dez Mandamentos em prédios governamentais. O pensamento secular (VIDA SOBRE DEUS) entende que a lei natural é o fundamento da autoridade civil. A convicção religiosa (VIDA SOB DEUS) entende que a lei é enraizada na revelação divina. Quer o problema seja moralidade sexual, oração nas escolas, definição de casamento ou o que se qualifica como arte, as divergências entram na previsível zona de conflito decorrente das duas maneiras distintas de ver o mundo e o lugar de Deus nele.

A visão iluminista do mundo ainda demonstra grande influência, mesmo entre aqueles que se consideram religiosos. Os cristãos que se encontram lutando na linha de frente da guerra cultural por um entendimento tradicional da sexualidade ou da lei podem, no entanto, administrar

---

35. Associated Press, *"Many who pledge abstinence at risk for STDs"*, *MSNBC.com*, 18 de maio de 2005. Link: http://www.msnbc.msn.com/id/7232643/ns/health-sexual_health/t/many-who-pledge-abstinence-risk-stds/ (acessado em 30 de maio de 2011).

suas próprias vidas e igrejas na postura VIDA SOBRE DEUS. Podemos não querer admitir isso, mas, assim como no secularismo, no deísmo ou no ateísmo, muitas formas populares de cristianismo moderno dão pouco espaço para Deus.

O RELOJOEIRO

Alguns anos atrás, meus colegas do *Leadership Journal* entrevistaram um influente líder na igreja. Seus programas ministeriais e estratégias foram copiados por várias igrejas pelo mundo. Perguntaram a ele durante a entrevista: "O que tem de distintamente espiritual no seu estilo de liderança?".

— Não tem nada distintamente espiritual — respondeu ele. — Uma das críticas que ouço é: "sua igreja é tão corporativa"... E eu digo: "OK, você está certo. Agora, por que isso seria um modelo ruim?". Um princípio é um princípio, e Deus criou todos os princípios.[36]

Sua resposta ilustra até que ponto o pensamento iluminista moldou nosso entendimento de Deus e da fé. A cosmovisão por trás dessa afirmação é a mesma que a do deísmo — Deus criou o cosmos com certas leis conhecíveis e imutáveis. Entre elas estão a lei da gravidade, as leis da termodinâmica e as leis da matemática. Mas as pessoas modernas expandiram a lista para incluir outras áreas da

---

36. Andy Stanley citado em *"Leader's Insight: Get-It-Done Leadership"*. *Leadership Journal*, Primavera de 2006. Link: http://www.christianitytoday.com/le/currenttrends-columns/leadershipweekly/cln70528.html (acessado em 30 de maio de 2011).

vida como liderança, relacionamentos e negócios. Para operarmos corretamente, nossa tarefa é descobrir essas leis e convertê-las em princípios aplicáveis. Nesta visão, Deus é o escritor da lei, o criador do princípio, o relojoeiro.

O problema com o mundo, segundo esse entendimento, é que a maioria das pessoas não vive de acordo com os princípios corretos. Elas tentam rodar um caminhão a diesel com suco de frutas — simplesmente não andará. Acreditam que, em vez de empregarem princípios de vida descobertos por cientistas, proferidos por líderes políticos ou retratados na Oprah Winfrey, deveriam viver de acordo com os princípios de Deus. Afinal, por ser Criador de todas as coisas, ele deve saber o que é melhor, certo?

Esse tipo de entendimento acerca de Deus revela como muitos cristãos veem a Bíblia. Eles acreditam que as Escrituras são um manual de instruções divinas para a vida, um recurso a ser usado para buscar princípios que possam ser aplicados a qualquer desafio ou dilema. Ouvi pastores falar que a Bíblia é um livro com "Instruções Básicas Antes de Deixarmos a Terra", enquanto outros a chamam de "O Manual do Proprietário" de Deus para o ser humano. Podemos rir dessas metáforas fofinhas sobre a Bíblia, mas por trás delas existe um entendimento muito pouco cristão de Deus e, ironicamente, um entendimento não bíblico fundamentado no pensamento iluminista.

Quando a Bíblia é vista essencialmente como um armazém de princípios divinos para a vida, a maneira como nos relacionamos com Deus e Sua Palavra é inteiramente alterada. Em vez de ser um veículo para conhecer

Deus e promover nossa comunhão com ele, procuramos nas Escrituras princípios aplicáveis que possamos empregar para controlar nosso mundo e nossa vida. Isso não é cristianismo, é deísmo cristão. Em outras palavras, substituímos, na verdade, um relacionamento com Deus por um relacionamento com a Bíblia. Se alguém possui o manual de reparo, por que se preocupar com os encargos de um mecânico?

Eu entendo que aqueles que possuem uma grande consideração pelas Escrituras, assim como eu, possam achar que estou minimizando a importância da Bíblia. Esse não é o caso. Ela é a Palavra de Deus, inspirada por ele e autoridade para nossa vida e fé. Através dela, descobrimos quem ele é — e que maior presente podemos receber? Ela contém muitos princípios úteis e aplicáveis à vida e à fé. Mas em nosso zelo para honrar a importância da Palavra de Deus e exaltar sua utilidade, sem querer, podemos fazer o contrário. Podemos levar a Bíblia da posição de revelação do próprio Deus e reduzi-la meramente a uma revelação dos princípios divinos prescritos para a vida. E não somos os primeiros a cair nessa armadilha sutil.

Os líderes religiosos da época de Jesus eram experientes estudiosos das Escrituras. Eles haviam memorizado toda a Bíblia Hebraica (o Antigo Testamento), analisaram todos os mandamentos, extraíram todos os princípios e delinearam todas as instruções que encontraram nela, mas o domínio das Escrituras não resultou em conhecimento verdadeiro de Deus nem em reconhecê-lo quando ele estava bem na sua frente. Jesus disse a esses líderes:

"Vocês estudam cuidadosamente as Escrituras, porque pensam que nelas vocês têm a vida eterna. E são as Escrituras que testemunham a meu respeito; contudo, vocês não querem vir a mim para ter em vida".[37]

Esta é a falha sinistra da postura VIDA SOBRE DEUS. Ela faz com que reduzamos a fé a princípios, leis divinas e instruções práticas: cinco etapas para um casamento mais devoto, como educar os filhos à maneira de Deus, leis bíblicas de liderança, como administrar suas finanças com os princípios do reino etc. Mas descobrir e aplicar esses princípios não requer um relacionamento com Deus. Em vez disso, ser cristão simplesmente significa que você trocou um conjunto mundano de princípios de vida por um novo conjunto retirado da Bíblia. Mas, assim como o ateu ou o deísta, o deísta-cristão pode colocar em prática esses novos princípios sem que Deus esteja envolvido. Deus pode ser deixado de lado enquanto permanecermos no controle de nossas vidas. Ele pode ser louvado, agradecido e adorado por nos dar seus sábios preceitos para a vida, mas, como acontece no caso do relojoeiro ausente, a participação presente de Deus é totalmente opcional.

A postura VIDA SOBRE DEUS é particularmente tentadora nas comunidades profissionais e ricas, onde as pessoas estão acostumadas a soluções prontas e manuais de autoajuda. Sua educação e sua riqueza significam que são acostumadas a estar no controle de suas vidas, e uma enorme indústria editorial se encarrega de que mantenham

---
37. João 5:39-40.

essa ilusão. Muitos dos best-sellers são livros de autoajuda defensores de princípios para superar praticamente qualquer problema. Embora possamos contar com fórmulas comprovadas para a perda de peso ou o cultivo de uma horta, tendemos a aplicar a segurança científica até mesmo nas áreas mais misteriosas da vida. Agora o sucesso pode ser alcançado empregando *Os 7 Hábitos das Pessoas Altamente Eficazes*, e crianças malcriadas podem ser domesticadas com *A Mágica do 1-2-3: Um programa simples e eficaz para educar seus filhos e assumir o controle da sua casa*. Observar as prateleiras da livraria local pode ser um exercício muito gratificante. Saber que existe uma solução para qualquer problema que a vida possa lançar contra você passa uma sensação de controle — e isso acalma nossos medos. E se a resposta não puder ser encontrada na livraria, sabemos que ainda temos a farmácia na esquina perto de casa.

Aqueles acostumados a estar no controle carregam essa mesma expectativa para suas vidas religiosas. Abordamos a Bíblia de olho nos 3-passos-para-a-cura. Encontramos isso na pregação contemporânea com ênfase na aplicação prática, que se espalha pela indústria editorial cristã de sete bilhões de dólares. Considere o livro extremamente popular *Jesus, o maior líder que já existiu*, de Laurie Beth Jones. Ela estudou o Novo Testamento para decifrar como Jesus conseguiu liderar com tanta eficácia. Jones reduziu o estilo de gerenciamento de Cristo a três princípios centrais: a força do domínio próprio, a força da ação e a força das relações. Ela chamou isso de "estilo de administração Ômega" de Jesus e afirmou que eles podem ser aplicados com igual eficácia em qualquer área de liderança — negócios, governo ou religião. "Qualquer um que praticar esses princípios espirituais", escreveu ela, "está fadado a experimentar o sucesso. De fato, o estudo e a aplicação dos princípios espirituais vêm com sucesso garantido."[38]

Jesus, o maior líder que já existiu defende a liderança como a de Jesus sem que Jesus realmente precise estar envolvido. Ele foi substituído por um conjunto de princípios simples, como 1-2-3. Essa mesma tendência é evidente em muitas outras áreas do ensino cristão contemporâneo. Agora é possível ter um casamento "cristão", um negócio "cristão", até uma nação "cristã", sem a presença de Cristo. O fato de os princípios serem derivados da Bíblia é suficiente para nos convencer de que eles são — e, portanto, nós somos — realmente cristãos.

A ênfase da postura VIDA SOBRE DEUS em princípios práticos pode ser atraente, porque é muito mais previsível e administrável do que um relacionamento real com Deus. Os relacionamentos, humanos ou divinos, são confusos, demorados e muitas vezes incontroláveis. Mas os princípios são compreensíveis e clínicos. Talvez isso explique por que um estudo de 2005 descobriu que apenas 3% dos pastores listaram a oração como prioridade em seu

---

38. Laurie Beth Jones, *Jesus, o maior líder que já existiu* (Rio de Janeiro: Editora Sextante, 2011).

ministério.³⁹ Se ele já lhe deu o relógio, por que se preocupar em manter um relacionamento com o relojoeiro?

O CAJADO

Embora o Iluminismo tenha fornecido uma nova base científica e filosófica para a postura VIDA SOBRE DEUS, não há nada essencialmente novo nisso. A rebelião original da humanidade no Éden foi uma tentativa de tirar Deus de cena e assumir o controle por nós mesmos. E essa mesma tendência é representada nas Escrituras. Às vezes, o desejo de viver *sobre* Deus é alimentado por um orgulho arrogante, mas com a mesma frequência ele é gerado pelo medo. Considere a história de Moisés em Números 20.

Os israelitas haviam sido escravos no Egito por quatro séculos. Vendo sua escravidão e ouvindo seus clamores, o Senhor enviou Moisés — um ex-agressor de oitenta anos que se tornara criador de gado — para resgatar seu povo da opressão do faraó. Durante a dramática operação de resgate, Deus demonstrou regularmente seu poder através do cajado de Moisés: ele foi transformado em uma cobra diante dos mágicos do faraó. Moisés o ergueu para desencadear as pragas no Egito, ele tocou as águas do Nilo com seu cajado, e este transformou o rio em sangue. E ele famosamente levantou seu cajado para separar o mar, para que os israelitas pudessem deixar o Egito em terra seca.

---

39. Barna Group, *"Church Priorities for 2005 Vary Considerably"*. *Barna Update*, 14 de fevereiro de 2005. Link: http://www.barna.org/barna-update/article/5-barna-update/185-church-priorities-for-2005-vary-considerably?q=prayer (acessado em 30 de maio de 2011).

Mas o êxodo do Egito foi apenas parte da história. No deserto do Sinai, o povo enfrentou outros obstáculos, entre eles uma severa falta de água. Em uma ocasião, Deus disse a Moisés para bater em uma rocha com seu cajado. Ele obedeceu, e a água limpa fluiu milagrosamente.[40] Uma cena muito semelhante se desenrolou novamente em Números 20. As pessoas estavam furiosas com Moisés por levá-las a um "lugar maligno" sem comida ou água. Até a opressão do Egito era melhor que aquilo, diziam eles.

Moisés, como havia feito tantas vezes antes, pediu ajuda a Deus. O Senhor instruiu o líder sitiado a "(…) reúna a comunidade e diante desta fale àquela rocha, e ela verterá água. Vocês tirarão água da rocha para a comunidade e os rebanhos beberem".[41] Mas algo aconteceu a Moisés entre sua comunhão com Deus e a reunião do povo diante da rocha. Em vez de obedecer ao Senhor e falar com a rocha, Moisés bateu nela com seu cajado. Ele desobedeceu a Deus. Mas por quê?

Examine a cena novamente. Moisés estava entre a rocha e uma posição complicada. Uma multidão furiosa de pessoas famintas e com sede estava prestes a se revoltar caso ele não resolvesse o problema. O pescoço dele estava na reta. Ele precisava de uma saída garantida, algo com que pudesse contar, uma maneira de fornecer água que não desse errado. Então Moisés retornou ao que sempre dera certo no passado — seu cajado. O medo e a necessidade de controlar o desfecho da situação levaram Moisés

---

40. Êxodo 17:1-7.
41. Números 20:8.

a desconsiderar sua comunhão com Deus e confiar em uma fórmula atestada. Ele colocou sua fé no relógio, não no relojoeiro.

Moisés pagou um preço muito alto por permitir que seu medo do povo ofuscasse sua fé em Deus. O Senhor o proibiu de entrar na terra prometida — o lugar prometido aos israelitas que Moisés esperou toda a sua vida para conhecer. Em vez disso, morreria tendo apenas um vislumbre do lugar aonde queria chegar.

O fracasso de Moisés em Meribá ilustra muitas das deficiências da postura VIDA SOBRE DEUS. Primeiro, a VIDA SOBRE DEUS busca descobrir princípios confiáveis em vez de procurar um relacionamento com Deus, reduzindo-o e o limitando a uma fórmula reproduzível. Ela pressupõe que Deus continuará a operar indefinidamente no futuro do mesmo modo como trabalhou no passado; e, uma vez que esses princípios que governam as ações de Deus forem descobertos, podemos empregá-los com resultados garantidos. "Deus sempre...", "Deus nunca...", "Deus só..." são frases usadas com regularidade leviana nas comunidades cristãs e geralmente indicam que a postura VIDA SOBRE DEUS está presente. Ao termos certeza absoluta de que descobrimos como Deus opera, ou pelo menos como ele predeterminou que o mundo operasse, depositamos nossa confiança nos "princípios de Deus", e não no próprio Deus. Esse é um erro grave, como Moisés descobriu tragicamente.

A abordagem formulada da vida cristã é talvez mais evidente entre os líderes da igreja — aqueles responsáveis, assim como Moisés, por liderar o povo de Deus e prover seu alimento espiritual. As conferências e os recursos do ministério estão saturados de promessas de resultados garantidos e eficácia comprovada. Um evento de ministério infantil em 2009 foi promovido com a seguinte retórica: "Sonhe sonhos. Imagine possibilidades. E obtenha as ferramentas necessárias para que elas aconteçam... Você sairá com um plano personalizado para dar ao seu ministério sucesso garantido".[42]

A mensagem e o tom deste anúncio são comuns em materiais de marketing direcionados a pastores. Talvez a palavra mais usada nos círculos ministeriais — particularmente em comunidades mais ricas — seja *eficaz*. Todos estão ansiosos para encontrar os princípios mais eficazes para o crescimento, discipulado, adoração e divulgação da igreja. A busca pela eficácia leva os pastores a participar de seminários e comprar livros.[43]

Eficácia é um valor curioso a ser estimado com tanta admiração por aqueles que afirmam acreditar em um Deus soberano e insondável. Para garantir a eficácia, é preciso ter controle sobre todas as variáveis e aspectos. Mas, se estamos no controle dos resultados, onde Deus fica nessa história? Um amigo me perguntou uma vez: "Se o Espírito de Deus deixasse sua igreja, alguém iria notar?". Dito de outra forma, se tudo o que acontece pode ser explicado pela causalidade humana, então por que precisamos de Deus?

---

42. Group Publishing, *"HOW 2 Children's Ministry Conference"*. Link: http://www.facebook.com/event.php?eid=36623289035&index=1 (acessado em 30 de maio de 2011).
43. Uma pesquisa em inglês na categoria de livros "Cristãos" na Amazon encontrou quase 2.000 livros com a palavra *princípios* no título e 500 com a palavra *eficaz*.

Nossa necessidade insaciável pelo controle, a qual está inexoravelmente ligada ao medo, é o que torna a VIDA SOBRE DEUS tão atraente. Moisés estava com medo dos israelitas enfurecidos, então ele assumiu o controle da situação ao confiar em seu assegurado cajado. Os líderes da igreja podem temer suas congregações, seus líderes denominacionais ou simplesmente sua própria insignificância, portanto consomem qualquer recurso que garanta um resultado efetivo. E temos muito a temer em um mundo em que famílias estão se dissolvendo em um ritmo alarmante e a economia está tão volátil, por isso procuramos princípios divinos para nos ajudar a navegar pela turbulência.

Mas a sensação de controle e autonomia oferecida pela postura VIDA SOBRE DEUS tem um preço alto. Ao marginalizar o lugar de Deus ou eliminá-lo por completo, a VIDA SOBRE DEUS nos deixa no controle. A parte de Deus acabou quando ele nos deu seus princípios — o relojoeiro nos deu o manual do proprietário para toda a vida, e agora somos responsáveis por seguir as instruções. A implementação dos princípios de Deus e os resultados são deixados sobre nossos ombros. Mas isso também significa que não temos a quem culpar quando os resultados não são os esperados. Ao contrário de Steve Johnson, o receiver do Buffalo Bills, não podemos enviar um Tweet irado para Deus quando deixamos a bola cair na *end zone*. Como o tio Ben disse a um jovem Peter Parker (também conhecido como Homem Aranha): "Com grande poder vem grande responsabilidade".

Esta é a segunda falha terrível de VIDA SOBRE DEUS: ela não tira o fardo do medo que carregamos. Embora prometa aliviar nossos medos ao assegurar o controle de nossas vidas por meio de fórmulas comprovadas (até mesmo divinas), essa postura, na verdade, coloca sobre nós um peso de responsabilidade que nunca foi nosso para carregarmos. A necessidade de gerenciar todas as variáveis, controlar todos os pormenores e garantir que estejamos seguindo os princípios prescritos torna o medo ainda mais potente.

Novamente, vemos isso vividamente entre os líderes da igreja. Um estudo constatou que o clero nos Estados Unidos está deixando o ministério a um índice de 1.500 por mês.[44] Os conselheiros que estudam essa tendência descobriram que muitos pastores não conseguiam mais suportar a necessidade desesperada de validar sua liderança pastoral através do crescimento quantitativo de membros de sua igreja. A crença de que o crescimento ou o declínio numérico de uma igreja é o resultado direto da liderança de uma pessoa só é possível com uma perspectiva de VIDA SOBRE DEUS. Não há espaço para o mistério ou os movimentos insondáveis de Deus. O crescimento da igreja é uma questão de implementação das fórmulas certas. Um ministro cuja igreja não cresce, portanto, é simplesmente um líder ineficaz usando os princípios errados. A VIDA SOBRE DEUS não

---

44. Michael Horton, *"All Crossed Up"*, *Touchstone: A Journal of Mere Christianity*. Março de 2008. Link: http://www.touchstonemag.com/archives/article.php?id=21-02-011-v (acessado em 30 de maio de 2001).

ajudou os 1.500 que desistem a cada mês de remover seus medos ou aliviar seus fardos.

Mas e aqueles que são bem-sucedidos? E as pessoas que implementam os princípios de Deus em suas vidas, negócios ou ministérios e encontram resultados sensacionais? Com certeza a experiência comprova que os princípios podem ser a força orientadora da vida cristã. Este é o terceiro grande fracasso da abordagem VIDA SOBRE DEUS — ela nos leva a medir o sucesso com base em resultados efetivos em vez da fidelidade ao chamado de Deus. Embora os estudos possam nos dizer quais princípios de vida, negócios e ministério *funcionam*, ainda não foi criado um método de pesquisa que possa determinar se um princípio está *correto*. Em muitos lugares, simplesmente presumimos que Deus valoriza a eficácia tanto quanto nós a valorizamos. Concluímos, portanto, que o princípio mais eficaz é automaticamente aquele que Deus desejaria que empregássemos. Removemos mais uma vez a necessidade de oração, o discernimento espiritual ou a participação ativa de Deus nesse processo em favor de uma ética utilitária.

Anteriormente, eu pulei uma parte crucial da história de Moisés em Meribá. Ele desobedeceu a Deus ferindo a pedra com seu cajado em vez de falar com ela e foi responsabilizado por sua irreverência. Mas será que Moisés foi eficaz? Com certeza! Lemos que, depois de bater duas vezes na rocha, jorrou água. Parece que Deus realizou um milagre *apesar* de Moisés, e não *por causa* dele. Do ponto de vista humano, Moisés foi um sucesso. Seu ministério foi imensamente eficaz. Se tivesse vivido em nosso tempo, Moisés estaria escrevendo livros e ministrando seminários sobre os "3 Princípios Efetivos para Tirar Água das Rochas". Mas, mesmo se todos tivessem elogiado Moisés, o Senhor continuaria nem um pouco impressionado.

A VIDA SOBRE DEUS substitui o relacionamento com ele por princípios práticos. Essa postura falha em suavizar nossos medos, porque afirma que somos responsáveis por tudo o que acontecer em nossas vidas. E finalmente, mesmo quando as coisas acontecem como o planejado, podemos acabar muito além dos limites do que Deus desejava para nós.

Em última análise, o ateísmo, o deísmo e até mesmo viver sob princípios "cristãos" não podem nos libertar dos ciclos de medo e controle que assolam a humanidade. O sonho é atraente — um mundo de paz e unidade, um mundo sem medo em que fórmulas comprovadas proporcionam uma sensação de segurança. Mas é um sonho que não pode ser realizado, porque a postura VIDA SOBRE DEUS repete e perpetua a rebelião da humanidade no Éden. Nela, procuramos tomar o lugar de Deus ao negar sua existência ou marginalizá-lo como se fosse um fator opcional ou irrelevante. Como resultado, a VIDA SOBRE DEUS só pode terminar em um lugar — uma vida *sem* Deus. E isso significa: sem vida alguma.

DISCUSSÃO EM GRUPO – CONVERSANDO *com* OUTROS

Existe alguma área de sua vida em que você raramente, ou nunca, inclui Deus? Em vez disso, em quem ou no que você confia?

Se alguém não familiarizado com a fé cristã lhe perguntasse "O que é a Bíblia?", como você responderia? Que papel a Bíblia desempenha em sua vida?

Como um relacionamento com Deus se difere de simplesmente viver os valores cristãos? É possível viver de acordo com as Escrituras e não estar com Deus? Você consegue pensar em um momento de sua vida em que esse foi o caso?

Em que situações você considerou Deus um relojoeiro distante? Há princípios que você emprega como expressão de sua fé quando, na verdade, deveria estar em comunhão com Deus?

4

Vida *de* Deus

O BORRÃO DE TINTA

Todo semestre, Scot McKnight, professor de estudos religiosos da North Park College em Chicago, passa um teste aos seus alunos no primeiro dia de sua aula sobre Jesus. O teste começa com uma série de perguntas sobre como os alunos acreditam que Jesus seja. Ele é mal-humorado? Ele fica nervoso? Ele é descontraído ou introvertido? As vinte e quatro perguntas são seguidas por um segundo conjunto — em uma linguagem levemente modificada –, no qual os alunos respondem perguntas sobre suas próprias personalidades.[45]

McKnight não é o único a passar esse teste, outros profissionais também já o fizeram. Mas os resultados são notavelmente consistentes — todos acham que Jesus é exatamente como eles. McKnight acrescentou: "Os resultados

---

45. Scot McKnight, *The Blue Parakeet* (Grand Rapids: Zondervan, 2009), pp. 220-223.

do teste também sugerem que, embora gostemos de pensar que estamos nos tornando mais parecidos com Jesus, provavelmente o inverso seja mais o caso: tentamos fazer Jesus se parecer com nós mesmos".[46] O teste de personalidade de McKnight confirma o que o filósofo francês Voltaire disse três séculos atrás: "Se Deus nos criou à sua imagem, lhe retribuímos o favor".[47]

O teste de personalidade de Jesus funciona como o teste de borrão de tinta desenvolvido por Hermann Rorschach para uso em psicoterapia. Um terapeuta mostra ao paciente um borrão de tinta e pergunta: "O que você vê?". A mancha não se assemelha a nada, portanto o que o paciente "vê" é, na verdade, uma projeção do que está em sua mente. Se o paciente disser "uma flor", o terapeuta pode concluir que o indivíduo é normal. Mas se ele responder "uma caveira com sangue pingando das cavidades oculares" — bom, é por isso que os homens de jaleco branco precisam estar sempre a postos.

Uma vez que entendemos nossa tendência humana de transformar Deus à nossa própria imagem, a pergunta "Como Deus é?" pode ser um tipo de teste religioso de Rorschach, porque tendemos a projetar nossas próprias identidades sobre Deus. Atribuímos a ele nossas personalidades, nossos valores e vieses. Vimos isso nas duas posturas já exploradas. A VIDA SOB DEUS o vê como uma divindade caprichosa que deve ser apaziguada para que recebamos

---

46. McKnight, *Blue Parakeet*, 49.
47. François-Marie Voltaire citado em Isaac Everett, *The Emergent Psalter* (Nova York: Church Publishing, 2009), p. 108.

bênçãos e evitemos punições. A volatilidade de Deus se ajustava aos medos do mundo antigo, no qual a superstição governava a vida e a cultura. A postura VIDA SOBRE DEUS idealiza Deus inversamente — um cálculo racional e previsível, um relojoeiro cujas leis e princípios governam o mundo em seu lugar. Esse Deus reflete claramente a era pós-Iluminismo, que deu origem ao secularismo, ao deísmo e ao ateísmo.

Mas o mundo ocidental contemporâneo não é fundamentalmente impelido pela superstição antiga ou pela ciência natural. Vivemos em uma época impulsionada pela economia do consumo desenfreado. Parafraseando Madonna, vivemos num mundo materialista e somos garotas materialistas. Portanto, quando olhamos para o borrão de tinta de Deus, a maioria das pessoas contemporâneas projeta seus próprios valores e identidades consumistas sobre o divino. Christian Smith, um sociólogo da Universidade da Carolina do Norte, passou anos estudando a vida religiosa dos adolescentes. Ele concluiu que a maioria deles vê Deus como uma "combinação de mordomo divino e terapeuta cósmico".[48] Deus existe para ajudá-los a resolver seus problemas e alcançar o que desejam. Smith disse que aqueles que mantêm essa visão de Deus estão "primariamente preocupados com a própria felicidade em vez de focar em glorificar Deus, aprender a obedecer ou servir aos outros".[49] Quando perguntaram a Smith por que

---

48. Christian Smith, *Soul Searching: The Religious and Spiritual Lives of American Teenagers* (Nova York: Oxford University, 2005), p. 165.
49. Christian Smith citado em Tony Jones, *"Youth and Religion: An Interview with Christian Smith"*. 2005, Youth Specialties.

a maioria dos adolescentes vê Deus como mordomo ou terapeuta, ele concluiu que isso acontece porque a maioria dos pais desses adolescentes tem o mesmo entendimento sobre Deus.

Visão de Deus / *Visão do eu*

A pesquisa de Smith atesta o que McKnight e outros encontraram consistentemente — as pessoas formam Deus à sua própria imagem. Smith realizou testes com um grupo maior de americanos e descobriu que o que tinham em comum era uma cosmovisão consumista do mundo. Portanto, acreditamos em um Deus que existe para satisfazer nossos desejos consumistas. Quando as pessoas contemporâneas e relativamente ricas olham para o borrão de tinta de Deus, elas não veem necessariamente o Deus revelado na Bíblia, nem mesmo o Deus apresentado pela ciência racional ou pelas tradições supersticiosas. Eles veem um mordomo divino, um terapeuta cósmico, uma máquina de venda sagrada que dá os bens e a sabedoria desejados.

Essa é a essência da postura VIDA DE DEUS — Deus existe para suprir o que precisamos ou desejamos. E, embora meu tom já possa ser desdenhoso, existe mérito nessa visão de Deus. As Escrituras nos lembram repetidamente que tudo o que temos vem de Deus. Todos os seres viventes recebem suas vidas *de* Deus.[50] Ele é o "Pai das luzes", de quem vem "toda boa dádiva e todo dom perfeito",[51] e Jesus nos chama para pedir a Deus o que precisamos.[52] Mas a VIDA DE DEUS tende a enfatizar demais esse aspecto único do relacionamento divino-humano. Ela faz com que a totalidade de nossas vidas religiosas seja receber as dádivas de Deus, e é aí que a postura começa a desmoronar.

Vida de Deus

Considere a VIDA DE DEUS na sua forma mais extrema — o evangelho da prosperidade (também conhecido como evangelho da saúde e riqueza ou evangelho do profetize-e-tome-posse). Citada em um artigo da revista *Time* intitulado "*Does God Want You to Be Rich?*" ("Deus quer que você seja rico?", tradução livre), a pregadora televisiva Joyce Meyer disse: "Quem gostaria de entrar em algo no

---
50. Isaías 42:5.
51. Tiago 1:17.
52. Lucas 11:11-13.

qual é infeliz, pobre, falido e feio e você só precise aguentar tudo isso até chegar no céu? Acredito que Deus queira nos dar coisas boas".[53] Talvez Meyer acredite nisso porque ela quer ter coisas boas. Na verdade, ela foi investigada pelo Senado dos Estados Unidos em razão de seu estilo de vida exuberante.[54] Borrão de tinta, pessoal?

A postura VIDA DE DEUS é tão atraente porque ela não exige que mudemos. O que desejamos, buscamos e fazemos, e como vivemos — todos moldados pelo consumismo — não é tocado. Nossos valores e nosso estilo de vida são simplesmente projetados sobre DEUS e incorporados a um sistema religioso no qual recebemos assistência divina para satisfazer nossos desejos pessoais. Dessa maneira, a VIDA DE DEUS nada mais é do que consumismo com um adesivo de Jesus em seu para-choque.

A ÓRBITA

A VIDA DE DEUS é estimulada pela nossa cultura consumista, mas as pessoas nem sempre foram caracterizadas pelo consumismo. Consumidores — assim como os produtos que compram — foram criados, não nascidos. O advento da produção em massa durante a Revolução Industrial criou quantidades inimagináveis de mercadorias — muito mais do que o mercado precisava. De repente, os fabricantes precisavam de uma maneira de aumentar

---

53. Joyce Meyer citada por David Van Biema e Jeff Chu, *"Does God Want You to Be Rich?"*, *Time*, 10 de setembro de 2006.
54. Robert Paul Reyes, *"Joyce Meyer's $23,000 Toilet: A Symbol of the Prosperity Gospel"*, *American Chronicle*, 9 de novembro de 2007.

artificialmente a demanda pelos seus produtos para manter a economia funcionando. Então, a publicidade apareceu.

Os anúncios se tornaram os profetas do capitalismo — voltando o coração das pessoas para os bens dos quais não sabiam precisar. Os anúncios prometiam sutilmente, ou descaradamente, conforto, *status*, sucesso, felicidade e até sexo para as pessoas que comprassem seus produtos. Hoje, de acordo com o *New York Times*, cada indivíduo é exposto diariamente a 3.500 anúncios indutores de desejo. Rodney Clapp escreveu: "O consumidor é treinado pela insaciabilidade. Ele ou ela nunca pode estar satisfeito — pelo menos não por muito tempo. É ensinado ao consumidor que as pessoas consistem basicamente de necessidades não atendidas, que podem ser satisfeitas por bens e experiências comoditizadas".[55]

Por mais de um século fomos marinados nesse ensopado de produtos, anúncios e desejos, que transformou a maneira como as pessoas veem a si próprias e ao mundo. Embora a falta de autocontrole sempre tenha atormentado a humanidade, pela primeira vez na história um sistema econômico que depende disso foi criado. Nossa economia entraria em colapso se começássemos a reprimir nossos desejos e a consumir apenas o que precisamos. Para prevenir isso, a satisfação dos desejos pessoais se tornou sacrossanta.

Após os ataques de 11 de setembro de 2001, os americanos ouviram que se parassem de comprar, viajar ou continuar a viver no estilo de vida materialista iriam dar

---

55. Rodney Clapp, *"Why the Devil Takes VISA"*, *Christianity Today*, 7 de outubro de 1996.

a "vitória aos terroristas". A mensagem contrastava com a que foi dada após o último grande ataque em solo americano — o ataque a Pearl Harbor, em 1941. Durante a Segunda Guerra Mundial, o presidente Roosevelt pediu aos cidadãos que racionassem muitos dos bens necessários para a guerra. Durante aquele conflito, o sacrifício — não o consumo — foi honrado como um dos maiores valores norte-americanos. Como os tempos mudaram!

Agora, em meio à recessão econômica global iniciada em 2008, os economistas acusam as dívidas descontroladas e os gastos excessivos como a causa do colapso. Mas os líderes do governo não pediram aos seus cidadãos que cortassem seus gastos ou pagassem suas dívidas no cartão de crédito. Em vez disso, tentaram dar um impulso na economia, emitindo cheques de estímulo e encorajando os americanos a comprar sua saída para fora da recessão. Tudo isso revela que o consumismo é mais do que um sistema econômico — é um sistema de crenças. O consumo chegou para definir nossas vidas, nosso governo e até nossa espiritualidade.

Em 1955, um economista disse: "Nossa economia altamente produtiva exige que tornemos o consumo nosso estilo de vida, que convertamos a compra e o uso de produtos em rituais, que busquemos nossa satisfação espiritual e satisfação do ego no consumo".[56] E foi exatamente isso que aconteceu.

O Cosmo do Consumista — Eu / outros / Deus

No último capítulo, analisamos a maçã de Newton e como o Iluminismo entende o cosmos. A VIDA SOBRE DEUS diz que no centro do universo existe um conjunto de leis ou princípios naturais imutáveis. A postura mais antiga, VIDA SOB DEUS, acredita que a vontade caprichosa dos deuses se encontra neste centro. Mas o que a postura VIDA DE DEUS coloca no centro do universo? Enraizada em valores consumistas e em seu foco na satisfação de desejos pessoais, a VIDA DE DEUS acredita que, se você retirar todas as camadas do cosmos, em seu centro você encontrará a si próprio!

---
56. John de Graff, ed., *Take Back Your Time* (San Francisco: Berrett-Koehler, 2003), p. 95.

O consumismo é uma visão do mundo extremamente narcisista, na qual o valor de tudo é determinado pela sua utilidade para mim. Eu estou no centro, enquanto tudo e todos orbitam ao meu redor. Isso dá origem à ética utilitária.

Pense na maneira como compramos. Poucas vezes pensamos sobre a história por trás de um produto, as pessoas que o criaram ou a vida que ele afeta. Agimos como se o item aparecesse magicamente na prateleira apenas para nosso uso e, quando esse item não tem mais utilidade, justificamos nossa motivação ao jogá-lo fora e comprar outro. Essa mesma mentalidade utilitária pode ser aplicada às pessoas. Quando um casamento não está mais satisfazendo meus desejos, posso encerrá-lo e tentar um novo. Quando uma igreja não atende mais às minhas necessidades, começo a frequentar outra. E o fato de haver mais homens, mulheres e crianças escravizados hoje do que em qualquer outro momento da história — aproximadamente 27 milhões — mostra o impacto trágico dessa mentalidade egocêntrica nos mais vulneráveis.[57] Horrores como escravidão, tráfico sexual, aborto, eutanásia e genocídio só são possíveis quando outros humanos são vistos como mercadoria — medidos por sua utilidade, e não pelo seu valor inerente.

Na postura VIDA DE DEUS, Deus também não possui qualquer valor inerente. Assim como tudo na cosmovisão consumista, o valor de Deus é determinado por sua

---

57. Kevin Bales, *Disposable People: New Slavery in the Global Economy* (Berkeley: University of California, 1999), p. 8.

utilidade. Ele orbita ao nosso redor. "O que você fez por mim ultimamente?" Este poderia ser o mantra da postura VIDA DE DEUS. A religião é um meio para atingir um fim — um método mais espiritual de alcançar nossos desejos, quer sejam produtos da publicidade ou de fontes mais nobres. Aqueles que se relacionam com Deus como se ele fosse primeiramente o Provedor Todo-Poderoso têm um entendimento decisivamente unidimensional dele: Deus dá e nós recebemos. Mas isso não significa que tudo o que buscamos de Deus seja egoísta.

No primeiro capítulo, contei a história da mãe buscando a ajuda de Deus para seu filho viciado em drogas. Ninguém igualaria seu pedido ao da televangelista solicitando "coisas boas" a Deus. Mas, quando deixamos de lado o conteúdo específico da solicitação, descobrimos que tanto a mãe perturbada quanto a pregadora gananciosa veem Deus como um instrumento — um meio para um fim. Elas procuram usá-lo para alcançar seus desejos. O que as diferencia é o objeto de seu desejo, e não o modo como se relacionam com Deus. Certamente não é errado pedir coisas a Deus — ele nos convida a pedir. Mas quando isso se torna a totalidade do nosso relacionamento com ele, estamos nos colocando no centro e esperando que Deus orbite ao nosso redor. Estamos insistindo para que o Criador se submeta à criatura. Estamos tentando controlar Deus para alcançarmos nossos objetivos. Estamos, mais uma vez, repetindo a rebelião do Éden.

O LEPROSO

Com o "eu" e seus desejos no centro de tudo, a VIDA DE DEUS perpetua nosso instinto pecaminoso de controlar o divino e forçá-lo a cumprir nossas ordens. Mas como será que a VIDA DE DEUS lida com o outro dilema da condição humana — o medo?

Como vimos nos capítulos anteriores, o medo está no centro da experiência humana neste mundo, e todo sistema religioso é uma tentativa de nos libertar dele. Mas o consumismo, e a VIDA DE DEUS que procede dele, tem uma abordagem levemente diferente. Em vez de remover nosso medo e nossas dores, o consumismo tenta nos distrair deles. Experiências e bens mercantilizados são usados para nos entreter — anestesiar-nos das realidades desagradáveis de nossa existência. Neil Postman estudou esse fenômeno extensamente em seu influente livro *Amusing Ourselves to Death* ("Divertindo-nos até morrer", tradução livre). A diversão, ele relembra, significa literalmente "não pensar",[58] ou, em outras palavras, estar distraído. Preencher nossas vidas com mercadorias e experiências triviais é uma tentativa de nos distrair dos medos e das dores da vida. "Comamos e bebamos, que amanhã morreremos."[59]

Quando absorvemos esse valor cultural em nossa fé, Deus pode ser reduzido a um instrumento de diversão. Ele, ou sua igreja, fornece-nos meios de nos distrairmos de nossas dores e nossos medos. Buscamos experiências boas no

---

58. Neil Postman, *Amusing Ourselves to Death: Public Discourse in the Age of Show Business* (Nova York: Viking Penguin, 1985).
59. Isaías 22:13; 1 Coríntios 15:32.

louvor todas as semanas para aliviar as lutas que estamos tendo no trabalho ou em casa. Mantemo-nos ocupados envolvidos com a programação ou os eventos da igreja. Oramos por bênçãos materiais de Deus que farão nossas vidas mais agradáveis ou confortáveis. Em vez de nos ajudar a experimentar alegrias, tristezas, vitórias e derrotas da vida de forma mais adequada e de um ponto de vista superior, grande parte da religião contemporânea é projetada para nos ajudar a suportar e tornar a jornada mais confortável, e talvez nos manter entretidos com música e produtos projetados para ser "seguros para toda a família".

Mas distração não é o mesmo que libertação. O consumismo e a VIDA DE DEUS podem anestesiar nossos medos e nossas dores, mas não os removem. E, acima de tudo, a VIDA DE DEUS não oferece uma explicação redentora para a existência da dor e do sofrimento no mundo. C. S. Lewis nos lembrou que "Deus sussurra para nós em nossos prazeres, fala conosco em nossa consciência, mas grita em nossos sofrimentos: é seu megafone para despertar um mundo surdo".[60]

Embora o medo e a dor não façam parte da criação original de Deus, ele ainda os usa para nos chamar de volta para si. Essas realidades desagradáveis do nosso mundo nos fazem desejar algo melhor; nos fazem procurar uma beleza por trás das sombras. Mas, quando o centro da vida é voltado para a realização de desejos e evitar a dor, como promovido pela postura VIDA DE DEUS, ficamos sem qualquer propósito redentor para a dor. O medo e a

---

60. C. S. Lewis, *O Problema do Sofrimento* (São Paulo: Editora Vida, 2009).

dor servem apenas para ser evitados e amenizados. Deus pode estar gritando com seu megafone em nossa dor, mas o consumismo nos faz colocar nossos fones de ouvido e aumentar o volume de nossos iPods. Conforto em vez de libertação torna-se nosso objetivo final.

O Dr. Paul Brand foi um médico que passou grande parte de sua vida trabalhando com leprosos na Índia. Ele descobriu que o verdadeiro perigo da doença estava no fato de que a lepra destrói as terminações nervosas do corpo e os leprosos perdem sua sensibilidade. Embora a incapacidade de sentir dor possa parecer uma bênção, é uma maldição letal. Sem dor, os leprosos não sentem quando se ferem. Como resultado, mesmo uma pequena ferida ou um espinho pode ser deixado sem tratamento e infeccionar, levando à perda de membros ou até à morte.

Após documentar esse fenômeno e tratar seus efeitos, o Dr. Brand declarou: "Agradeço a Deus pela dor. Não consigo pensar em um presente maior para dar aos meus pacientes com hanseníase". Quando a busca pelo conforto e a prevenção da dor são levadas ao extremo, podemos nos transformar em leprosos espirituais — nos tornamos incapazes de experimentar as dores que Deus usa para nos despertar para a realidade do pecado e do mal que existe no mundo e em nós mesmos. O Dr. Brand continuou: "A maioria das pessoas vê a dor como um inimigo... Sem dor, ataques cardíacos, derrames, apêndices rompidos e úlceras estomacais ocorreriam sem aviso prévio. Quem visitaria um médico sem qualquer alarme procedente da dor?".[61]

---

61. Paul W. Brand e Philip Yancey, *A Dádiva da Dor* (São Paulo: Mundo Cristão, 2005).

Embora ninguém goste de sentir dor ou medo, eles desempenham um papel vital em nossa existência. Fisicamente, nos ajudam a permanecer vivos neste mundo perigoso e despertam espiritualmente nossas almas em busca de beleza, justiça e liberdade além do que o mundo atual pode proporcionar. Ao se concentrar em nos isolar dessas experiências desagradáveis e buscar satisfazer nossos desejos consumistas, a VIDA DE DEUS interrompe o propósito redentor da dor e do medo. Em nosso conforto, esquecemos dAquele que, sozinho, pode nos libertar de nossa verdadeira doença. Em vez disso, corremos para coisas menos importantes.

Certamente, essa não é uma tentação nova. Muito antes da propagação do capitalismo de consumo, Deus advertiu seu povo antigo sobre os perigos do conforto. Enquanto escravos no Egito, o povo clamava a Deus por libertação. Eles o buscaram, e ele ouviu o seu clamor. Mas, depois de resgatá-los, torna-se evidente que seus corações estavam mais voltados para os presentes de Deus do que para o próprio Deus. Ao conduzi-los em liberdade até uma terra boa e frutífera, o Senhor repetidamente os advertiu a não esquecer dele quando estivessem confortáveis.

"Tenham o cuidado de não se esquecer do Senhor, o seu Deus, deixando de obedecer aos seus mandamentos, às suas ordenanças e aos seus decretos que hoje ordeno a vocês. Não aconteça que, depois de terem comido até ficarem satisfeitos, de terem construído boas casas e nelas morado, de aumentarem os seus rebanhos, a sua prata e o seu ouro e todos os seus bens, o seu coração fique orgulhoso e vocês se esqueçam do Senhor, o seu Deus, que os tirou do Egito, da terra da escravidão."[62]

Mas a previsão de Deus foi certeira. Israel se afastou de Deus em tempos de prosperidade e paz repetidas vezes. Eles ficaram apaixonados pelos bons presentes de Deus, e esses confortos distraíram o povo de procurar seu próprio Deus. Como sua conexão com Deus foi reduzida à busca de bênçãos materiais, eles se tornaram leprosos espirituais — incapazes de sentir as dores e os medos da vida que levaram seus ancestrais a buscar Deus enquanto escravos no Egito. Vendo sua ganância e sua falta de sinceridade, o Senhor declarou por meio do profeta Isaías: "Esse povo se aproxima de mim com a boca e me honra com os lábios, mas o seu coração está longe de mim".[63]

O CANALHA

Parece o enredo de uma novela: O filho mais novo de um milionário decide que os bens de seu pai estão prejudicando seu estilo de vida. Ele decide sair de casa para viver uma vida livre e selvagem em Las Vegas, ou na Riviera Francesa, ou talvez nos balneários do sudeste da Ásia. Mas, sem habilidades comercializáveis, o jovem arrogante quer bancar sua vida independente com a fortuna de seu pai. Então, antes de sair, esvazia o fundo fiduciário que seu

---
62. Deuteronômio 8:11-14.
63. Isaías 29:13.

pai havia estabelecido para ele, diz ao pai que ele já pode morrer e se manda pela porta da frente.

Se estivéssemos assistindo esse enredo se desenrolar em um programa de televisão, todos murmuraríamos a mesma coisa: "Que canalha!".

Jesus contou uma história muito semelhante a esta em um jantar, dois milênios atrás. A parábola do filho pródigo está registrada em Lucas 15, e, na história, Jesus contou sobre um filho que exigiu sua herança *antes* da morte de seu pai — um pedido tão desrespeitoso a ponto de ser considerado crime capital.[64] Mas o pai permitiu que o jovem pegasse sua parte da fortuna da família antes de sair de casa para um país distante onde "desperdiçou os seus bens vivendo irresponsavelmente"[65] (nesse ponto da história, imagino que aqueles que ouviam Jesus ao redor da mesa de jantar murmuravam: "Que canalha!". Alguns sentimentos são universais e atemporais).

Jesus usou a história do filho pródigo para ilustrar o relacionamento de Deus com seu povo. A parábola mostra o caráter de Deus através do pai, e nossa rebelião através do filho. A história é uma ilustração vívida da postura VIDA DE DEUS — o filho valorizava mais os presentes do que o próprio pai. No fim das contas, o filho só queria o que seu pai benevolente e rico poderia lhe dar, e, uma vez que o possuísse, o relacionamento não era mais necessário. Ele foi embora.

---

64. Levítico 20:9.
65. Lucas 15:13.

A vida de Deus não é diferente. Ao colocar todo o nosso foco em receber as bênçãos e os presentes de Deus, nos comportamos como o jovem arrogante da história — valorizamos o que Deus pode fazer por nós, mas não o próprio Deus; buscamos um relacionamento com Deus como meio prático para um fim desejado. E, embora possamos louvá-lo com nossas palavras, nosso coração está fixo no que esperamos obter dele. Nós nos tornamos canalhas camuflados em religiosidade.

Talvez o rótulo "canalha" seja muito banal. Podemos trocá-lo facilmente por uma palavra mais religiosa — *idólatra*. Segundo a Bíblia, um idólatra é alguém que exalta uma coisa criada acima do lugar reservado somente ao Criador. Somos chamados a amar o Senhor nosso Deus de todo o coração, mas, quando algumas coisas menores tomam posse de nosso coração, caímos em idolatria. E devo observar que essas coisas menores raramente são totalmente ruins. Em seu livro *Deuses Falsos*, Tim Keller definiu ídolos como "coisas boas [transformadas] em coisas definitivas".[66] Deus nos abençoou com muitas coisas maravilhosas neste mundo, mas, quando elas — e não ele — se tornam o foco de nosso desejo, caímos na postura VIDA DE DEUS.

Jesus confrontou essa tendência inúmeras vezes, com tenacidade chocante. Por exemplo, ele ensinou que "quem ama o pai ou a mãe mais do que a mim não é digno de mim; quem ama seu filho ou sua filha mais do que a mim

---

66. Timothy Keller, *Deuses falsos*, (São Paulo: Mundo Cristão, 2016).

não é digno de mim".⁶⁷ Essa afirmação incrível fala diretamente contra a nossa inclinação de tornar algo bom, como família, em algo primário. Em outros momentos, Jesus alertou sobre os perigos de buscar a riqueza,⁶⁸ um lar confortável⁶⁹ ou uma reputação brilhante.⁷⁰ Nenhuma dessas coisas é ruim; de fato, todas são muito boas. Mas Jesus sabe com que facilidade podemos transformar os bons presentes de Deus em um desejo supremo. Eles podem usurpar o lugar que só ele é digno de ter em nossas vidas.

Mesmo assim, no entanto, grande parte da religião contemporânea está focada nos presentes de Deus, e não em Deus. Usamos Deus como forma de construir ou reparar nossa família, como um terapeuta sexual; ele é nosso consultor político e nosso planejador financeiro. Das mãos de Deus buscamos família, sexo, poder e riqueza — mas será que realmente desejamos o próprio Deus? Não devemos nos surpreender ao descobrir que quando nos fixamos no que podemos obter de Deus, deixamos de experimentar a paz de sua presença em nossas vidas.

Jean Twenge e seus colegas do departamento de psicologia da Universidade do Estado de San Diego analisaram os registros de saúde mental coletados entre 1938 e 2007 de mais de 63 mil jovens adultos. O que eles descobriram foi uma das reviravoltas mais dramáticas no estudo dos problemas psicológicos desde a década de 1930 — principalmente no estudo sobre a depressão. A *ABC News*

---
67. Mateus 10:37.
68. Mateus 6:19-24.
69. Lucas 9:58.
70. Mateus 6:1-4.

informou: "Os pesquisadores descobriram que nos dias de hoje os estudantes se sentem muito mais isolados, incompreendidos e emocionalmente sensíveis ou instáveis do que nas décadas anteriores... Além disso, os adolescentes de hoje são mais propensos a ser narcisistas, ter pouco autocontrole e dizer que estão preocupados, tristes e insatisfeitos com a vida".[71]

Twenge e sua equipe concluíram que o consumismo era uma das principais razões para o aumento das doenças mentais. "Nós nos tornamos uma cultura que se concentra mais em coisas materiais e menos em relacionamentos", disse ela.[72]

Um fenômeno paralelo acontece nas comunidades religiosas quando focamos menos energia em promover um relacionamento genuíno com Deus e mais energia em adquirir suas bênçãos. Isso pode ajudar a explicar por que temos mais recursos religiosos, livros, estações de rádio e televisão, ministérios e escolas do que nunca, e mesmo assim um número maior de pessoas está deixando a igreja.[73] Talvez elas tenham descoberto que aquilo que realmente queriam de Deus poderia ser conquistado facilmente sem ele. Ou talvez tenham conseguido o que queriam dele e saído de casa para um país metafórico distante.

A falência da VIDA DE DEUS também é evidente na história que Jesus contou aos seus companheiros de jantar.

---

71. Courtney Hutchison, *"Today's Teens More Anxious, Depressed, and Paranoid Than Ever"*, ABC News, 10 de dezembro de 2009.
72. Jean Twenge citado em Hutchison, *"Today's Teens"*.
73. Cathy Lynn Grossman, *"Young adults aren't sticking with church"*, USA Today, 6 de agosto de 2007.

Por fim, o filho obcecado consigo próprio ficou sem um tostão e aceitou um emprego onde alimentava porcos. Ele passou de consumidor de martínis sofisticados e compartilhador de mesas com os grandes apostadores no Belligio a limpador de bandejas de bufê em um restaurante por quilo. Nesse estado deplorável, o filho elaborou um novo plano. Ele voltaria para casa, pediria desculpas ao pai e, sabendo que havia perdido todos os direitos que tinha como herdeiro, pediria ao pai um emprego como servo.[74] Mas será que o canalha realmente mudou? Ele realmente aprendeu a valorizar seu pai ou estava mais uma vez tentando usá-lo para melhorar suas circunstâncias? Ele queria o pai ou apenas uma chance de emprego longe dos porcos?

Se a devoção ou o desespero motivaram o filho, isso não foi relevante. Jesus disse que, quando o pai viu o filho ainda longe, "correu para seu filho, e o abraçou e beijou".[75] A alegria de ter seu filho de volta ofuscou todo o resto. E, antes que o filho terminasse seu pedido de desculpas ou pedisse um emprego, o pai já havia ordenado que fosse preparado um banquete para comemorar o retorno de seu filho.[76]

Quando olhamos para Deus, talvez vejamos um reflexo do nosso "eu" consumista — uma máquina de venda divina para distribuir nossos desejos. Mas quando Deus olha para nós ele vê seu filho, criado à sua imagem, completa e profundamente amado.

---

74. Lucas 15:14-19.
75. Lucas 15:20.
76. Lucas 15:21-24.

DISCUSSÃO EM GRUPO – CONVERSANDO *com* OUTROS

Você consegue pensar em algum momento em que tenha recriado Deus à sua própria imagem? Você consegue pensar em algo que você valoriza muito, ou em uma característica que possui, que Deus não aprecia?

Como você tentou se isolar do desconforto? Como isso é incentivado pela nossa cultura ou pela comunidade em que você vive? Você acha que Deus sempre quer que estejamos confortáveis?

Se você pudesse ter todas as bênçãos e benefícios que deseja de sua fé *sem* a necessidade de orar ou ter comunhão com Deus, você iria escolher isso? O que sua resposta revela sobre o lugar de Deus em sua vida?

Ídolos são "coisas boas transformadas em coisas definitivas". Você consegue pensar em uma coisa boa em sua vida que é mais importante para você do que Deus?

5

Vida *para* Deus

A C.D.D.

Os alunos a chamam de "C.D.D." — Casa do Desespero. Para os pedestres e motoristas que passam pela frente desta casa, a C.D.D. se parece com a maioria das outras casas da arborizada rua suburbana. Mas, lá dentro, os estudantes universitários que lutam com a vida e a fé estão entorpecendo sua dor com álcool, drogas, sexo e conversas brutalmente honestas — todas proibidas em suas faculdades cristãs, com exceção das conversas honestas (que, ironicamente, podem ser a mais a coisa mais difícil para os estudantes acharem).

Eu ouvi falar pela primeira vez acerca da Casa do Desespero anos atrás, enquanto mentoreava dois alunos de graduação. Em nossas reuniões individuais, cada um se abriu sobre suas lutas pessoais. Para mim, seus problemas não pareciam ser particularmente extraordinários, considerando suas idades. Mas cada um expressou uma sensação de isolamento, como se fossem os únicos no *campus* andando com dúvidas secretas. Em graus variados, cada um questionou a fé de seus pais e de sua comunidade, o papel de Deus em suas vidas, as políticas da faculdade, além de estar obcecado em saber o que fazer após a formatura. Eles temiam uma vida insignificante.

— Com quem mais você fala sobre essas coisas? — perguntei. — Conheço vários membros do corpo docente. São pessoas boas, e creio que iriam te ouvir.

— Sim, mas é desconfortável — disse um aluno. — Os professores estão ocupados, e é meio difícil se abrir nos quinze minutos que temos em seu escritório.

— Você já tentou o escritório de aconselhamento da faculdade? — perguntei.

— Está sempre lotado — disse ele. — É o único lugar aonde os alunos podem ir e conversar confidencialmente no *campus*. Há tanta demanda que muitos de nós não conseguimos nem entrar.

— Que tal conversar com outros estudantes no dormitório? Sei que você não é o único com esse tipo de pergunta.

— Sem chance. Você nunca frequentou uma escola cristã. Você não entende a *vibe* no *campus* — O aluno continuou descrevendo sua hesitação. — Todo mundo aqui tem sua vida planejada. Eles entenderam Deus e vão mudar o mundo para Cristo. Pelo menos é o que dizem. E se você começar a questionar alguma coisa, mostrar sinais de dúvida sobre algo, é rejeitado. Então você precisa manter a fachada de que está tudo bem, de que você não está uma bagunça por dentro.

Eu questionei a percepção desse aluno. Nem *todos* na sua escola têm *tudo* planejado. E *rejeição* é provavelmente uma palavra muito forte.

— Eles provavelmente têm medo da sua transparência, porque no fundo carregam os mesmos medos e dúvidas — eu disse. Embora a percepção desse aluno seja exagerada, conversei com outros que tinham os mesmos sentimentos.

— É difícil ficar em cima do muro — outro aluno me disse. — Ou você faz parte do corpo estudantil convencional, que segue as regras e tem vida planejada, ou faz parte do submundo. Não existe meio-termo.

Os membros do "submundo" eram caracterizados por um único tipo de comportamento — eles bebiam. O consumo de álcool era proibido para todos os estudantes com quem trabalhei em diferentes faculdades cristãs. Cada uma dessas faculdades possui um código de ética muito mais abrangente do que o das universidades seculares, mas não tão inflexíveis quanto o das faculdades religiosas fundamentalistas.

— Não bebo porque gosto de álcool — disse-me uma aluna. — Na verdade, eu geralmente não bebo nada. Eu apenas seguro a cerveja na minha mão.

— Então por que correr o risco de ser pega e punida? — perguntei.

— Porque é bebendo que você sabe em quem confiar. Quando você bebe com outro aluno, sabe que pode confiar nele. Vocês dois violaram o código de ética, é um sinal de que também pode ser honesto sobre outros assuntos. Eles são pessoas confiáveis, você não precisa fingir perto deles.

Depois de conversar com meia dúzia de estudantes do "submundo", percebi que a maioria era mais complicada do que o simples rótulo de menino ou menina rebelde da igreja que haviam recebido. Eles estavam lutando com sua identidade e fé e ansiando por um lugar seguro para lidar com sua angústia. Aquele lugar seguro se tornou a Casa do Desespero. Na c.d.d., beber era parte de um código de ética alternativo — que valorizava mais a autenticidade do que a sobriedade. E a maioria dos estudantes não abandonou a fé em Cristo; eles estavam apenas procurando algo mais robusto e real que o cristianismo institucional. Aqueles que desistiram de sua busca às vezes aliviavam sua dor com artifícios mais potentes — geralmente drogas ou sexo.

Após dois anos de caminhada com esses alunos, decidi que precisavam de uma alternativa à Casa do Desespero — um lugar seguro para conversar e processar sem medo de julgamento e onde o álcool não era bilhete de entrada. Comecei a me reunir com esses grupos mais regularmente para uma conversa aberta. Qualquer um era bem-vindo, mas deixei os próprios alunos convidarem outras pessoas que achassem que iriam se beneficiar dessas reuniões.

As reuniões tinham apenas três regras: seja honesto, seja gentil e esteja presente. Isso significava que não havia celular ou falsidade. Os alunos escolhiam o tópico a ser discutido. Os tópicos variavam entre doutrina do inferno à pressão de encontrar um cônjuge. Normalmente eu facilitava a conversa, fazia perguntas e tentava ouvi-los sem julgamento.

Uma noite, os estudantes concordaram que deveríamos falar sobre "pecado de estimação".

— O que fazemos com os pecados com os quais lutamos há anos e anos? — perguntou um deles.

— Eu simplesmente desisti de tentar parar — disse outro.

Em conversas particulares, descobri que alguns lutavam contra a pornografia na internet e outros contra o uso de drogas. Descobri que, para esses alunos, tudo que fosse sexual ou envolvesse química era visto como algo particularmente pecaminoso, enquanto pouca introspecção era feita com outros vícios como raiva, ganância, orgulho ou desonestidade.

— Para começar, vamos dar oportunidade para que todos possam responder a uma pergunta — sugeri. — Eu não quero saber qual é o seu pecado em particular. Em vez disso, quero saber como você acredita que Deus o vê no meio do seu pecado.

Os alunos ficaram quietos. Depois de um minuto ou dois, o primeiro começou a compartilhar:

— Acho que Deus está decepcionado comigo — disse ele. — Eu venho de uma grande família com pais dedicados à fé. Deram-me de tudo que se possa imaginar, incluindo uma ótima educação. E agora estou na faculdade me preparando para impactar o mundo por Cristo. Acho que Deus fica realmente decepcionado quando peco, porque "a quem muito é dado, muito será cobrado". Deus espera mais de mim.

— Também me sinto assim — disse outro. — Como vou conseguir alcançar o que Deus quer de mim se ainda fracasso nos mesmos pecados regularmente?

— Meus pais eram estudantes de uma faculdade cristã no início dos anos 1990 quando ocorreu um avivamento — compartilhou outro aluno. — Muitos dos graduandos daquele ano se tornaram missionários e pastores. Eles estavam em fogo por Deus. E aqui estou eu, consumido pelo pecado diariamente. Eu não acho que deveria estar aqui. Eu sei que não sou quem Deus quer que eu seja.

Demorou cerca de uma hora para que todos ao redor da mesa compartilhassem. Alguns só conseguiam falar chorando. De uma forma ou de outra, todos os alunos deram a mesma resposta — "Deus está decepcionado comigo por causa das minhas lutas contínuas com algum tipo de comportamento. Ele espera mais de mim. E ele não pode me usar para realizar seu trabalho no mundo até que eu lide comigo mesmo."

Vida para Deus

— Quantos de vocês cresceram em um lar cristão? — perguntei. Todos levantaram as mãos. — Quantos de vocês cresceram em uma igreja centrada na Bíblia? — Todas as mãos permaneceram erguidas. — Isso é incrível! — eu disse, balançando a cabeça em descrença. — Vocês passaram dezoito ou vinte anos na igreja, aprenderam sobre a Bíblia desde que começaram a engatinhar e agora frequentam faculdades cristãs, mas nenhum de vocês deu a resposta certa. Nenhum de vocês disse que no meio do seu pecado Deus ainda ama vocês.

Não culpei os alunos por esse fracasso. Em algum momento de sua formação espiritual foi-lhes ensinado, explícita ou implicitamente, que o que importava não era o amor de Deus por eles, mas quanto eles podiam fazer *para* ele. Naquela noite, finalmente entendi por que eles chamavam o local de Casa do Desespero.

A MISSÃO

No capítulo anterior, examinamos mais de perto a VIDA DE DEUS e a maneira como ela complementa os valores de nossa cultura consumista. Ela vê Deus como uma máquina de venda automática divina que existe para suprir nossas necessidades e desejos. Como o consumismo passou a dominar nossa cultura, não devemos nos surpreender ao descobrir que a VIDA DE DEUS é muito popular nos dias de hoje. E a prevalência dessa postura tem sido uma fonte de consternação sem fim por parte dos líderes da igreja. Eu ouvi os membros da igreja focados em receber as bênçãos de Deus serem rotulados "cristãos consumistas", "cristãos preguiçosos" e até "cristãos gordos". Eles são vistos como espiritualmente letárgicos e drenam os recursos da igreja. Um pastor me disse: "Eles simplesmente recebem e recebem e recebem, e no momento em que você pede que retribuam alguma coisa, eles se vão".

Missão

A solução para cristãos gordos e letárgicos geralmente é uma rotina rigorosa de exercícios. Os ministérios usam diferentes dispositivos para motivar as pessoas a servir, engajar e doar mais; mas o objetivo sempre é o mesmo — levar os membros de uma postura de viver *de* Deus a uma postura de viver *para* ele. Eu ouvi esse intento articulado de diversas maneiras. Alguns dizem que desejam levar as pessoas do "receber a dar". Outra igreja fala sobre "transformar espectadores em participantes". E ouvi um líder de igreja dizer que seu objetivo era "transformar consumidores em servos". Às vezes, a postura VIDA PARA DEUS é imposta a uma congregação inteira, e não a indivíduos. Os líderes da igreja discutem frequentemente o desafio de virar uma "igreja focada no exterior" em vez de uma igreja "focada no interior". A primeira premissa se preocupa com o mundo todo, e a última se fixa em qual cor de tapete colocar no berçário da igreja.

A postura VIDA PARA DEUS é particularmente evidente nas correntes ativistas do cristianismo. O evangelicalismo é um ótimo exemplo. Entre os evangélicos mais tradicionais, a ênfase tem sido no evangelismo — a proclamação verbal do evangelho e a persuasão dos não crentes à fé em Cristo. Pastores e missionários, aqueles que são vistos dando toda a atenção a essa tarefa, são grandemente estimados por dedicarem suas vidas à missão de Deus. Dentro dessas comunidades geralmente é considerada uma vitória quando alguém decide deixar sua profissão secular para ingressar no "ministério cristão em tempo integral". Antes desse passo, ele ou ela até poderia ter se voluntariado algumas horas por semana na igreja ou ter doado financeiramente à missão, mas agora a pessoa será ainda mais eficaz para o reino de Deus — ou assim segue a lógica.

Entre os evangélicos mais jovens, há um esforço para ampliar o escopo da missão de Deus no mundo. Embora não abandonem a importância do evangelismo, alguns querem incorporar compaixão e justiça ao núcleo do ministério da igreja. Debates giram em torno do valor dessas atividades e se elas são tão urgentes quanto à salvação de almas. Mas ambos, evangélicos tradicionais e jovens, concordam que devemos viver nossas vidas *para* Deus, cumprindo nossa missão independentemente de como venhamos a defini-la.

Aqui descobrimos o que está no centro da postura VIDA PARA DEUS. Se você se lembra, a VIDA SOB DEUS acredita que a vontade divina está no cerne da "maçã cósmica". A VIDA SOBRE DEUS diz que as leis, ou os princípios naturais, estão neste centro. E a VIDA DE DEUS coloca o "eu" com seus desejos no centro. Se cortarmos a maçã cósmica da VIDA PARA DEUS, encontraremos uma missão no centro. Alguma grande meta — entendida como houvesse sido iniciada por Deus e agora deva ser levada adiante por nós — define tudo e todos. Um indivíduo se encontra *na* missão, ou é o *objeto* da missão, um *obstáculo* à missão, um *apoio* à missão, ou ainda, um cristão gordo que *deveria estar* na missão.

Os estudantes universitários com quem me reuni haviam sido marinados nesse "ensopado da VIDA PARA DEUS" durante toda a sua vida. As pessoas que eram engrandecidas em suas comunidades eram aquelas que mais se sacrificavam e realizavam mais feitos para Cristo e seu reino, e a mensagem que ouviam repetidamente foi sobre a importância de transformar o mundo para Deus. Elas passaram a se ver baseadas inteiramente no que conseguiam realizar em nome de Deus. Até a presença ou a ausência de pecado em suas vidas era filtrada por esse entendimento — quão eficazes poderiam ser *para* Deus.

Ainda mais grave nessa postura são os inúmeros textos bíblicos que confirmam e celebram uma vida vivida a serviço de Deus. Ninguém ilustra isso melhor do que o apóstolo Paulo. Depois de uma conversão milagrosa, Paulo foi chamado por Deus para levar a mensagem de Jesus por todo o Império Romano e muito além da comunidade judaica, de onde surgiram os primeiros cristãos.[77] Esse chamado ocupou o restante da vida de Paulo, ajudando-o a levar o evangelho de cidade em cidade com grande tenacidade e fidelidade. Ele proclamou as boas-novas, discipulou convertidos, plantou igrejas e treinou líderes para tomar seu lugar antes de partir. E durante esse percurso

---

77. Atos 13:1-2.

ele enfrentou dificuldades inimagináveis, incluindo espancamentos, prisões e naufrágios.

Apesar de tudo isso, Paulo se considerava um "servo de Cristo Jesus". Quando estava na prisão, ele se chamou "prisioneiro de Jesus Cristo".[78] Paulo se esforçou para levar outros ao conhecimento de Cristo. Ele disse: "Para com os fracos tornei-me fraco, para ganhar os fracos. Tornei-me tudo para com todos, para de alguma forma salvar alguns. Faço tudo isso por causa do evangelho, para ser coparticipante dele".[79] Paulo era, com certeza, um homem com uma missão, e essa missão dominou sua vida.

O chamado de Paulo e dos outros apóstolos de levar o evangelho adiante permeia o Novo Testamento. E enquanto a missão de Deus é imensamente importante, como discutiremos nos próximos capítulos, muitos nas correntes ativistas cristãs conseguem enxergar pouco além disso quando estudam as Escrituras. Como resultado, erram ao fazer da missão o centro irredutível da vida cristã. Eu não quero ser mal interpretado; também anseio por ver mais cristãos participando do bom trabalho para o qual Deus nos chamou, mas uma vida *para* Deus não é o que Paulo mais desejava para si ou outros cristãos. Embora a missão de Deus tenha dominado sua vida, ela não o definiu. Uma leitura mais cuidadosa das cartas de Paulo revela algo extraordinário — tudo na vida desse apóstolo, incluindo a missão de Deus, era secundário frente ao seu alvo primordial: o próprio Deus.

---

78. Efésios 3:1.
79. 1 Coríntios 9:22-23.

Enquanto estava na prisão, Paulo escreveu à igreja em Filipos, dizendo: "Mais do que isso, considero tudo como perda, comparado com a suprema grandeza do conhecimento de Cristo Jesus, meu Senhor, por quem perdi todas as coisas. Eu as considero como esterco para poder ganhar Cristo e ser encontrado nele, não tendo a minha própria justiça que procede da Lei, mas a que vem mediante a fé em Cristo, a justiça que procede de Deus e se baseia na fé".[80] A linguagem de Paulo aqui é reveladora. Quando ele escreveu sobre "conhecer" a Cristo, a palavra não trazia uma conotação de conhecimento intelectual *acerca* de alguém, mas um conhecimento íntimo e *vivenciado*. Essa conexão pessoal com Cristo é o que Paulo mais valorizava acima de tudo e o que lhe enchia de alegria mesmo enquanto acorrentado.

E, quando Paulo expressou seu desejo mais profundo pelos outros, não estava querendo que eles fizessem mais *para* Deus ou transformassem o mundo para Cristo e seu reino, por mais importantes e bons que fossem esses serviços. Em vez disso, falou aos cristãos para buscar "uma vida tranquila, cuidar dos seus próprios negócios e trabalhar com as próprias mãos".[81] Vindas de Paulo, essas são palavras importantes. Afinal, ninguém poderia descrever corretamente a vida de Paulo como "tranquila" — ele causou estragos e até tumultos nas cidades que visitou. Mas ele entendeu que seu chamado apostólico específico não deveria ser universalmente aplicado. E, quando articulou um objetivo universal para todos os cristãos, este não era estritamente missionário:

---
80. Filipenses 3:8-9.
81. 1 Tessalonicenses 4:11 [BKJA].

"Por essa razão, ajoelho-me diante do Pai, do qual recebe o nome toda a família nos céus e na Terra. Oro para que, com as suas gloriosas riquezas, ele os fortaleça no íntimo do seu ser com poder, por meio do seu Espírito, para que Cristo habite no coração de vocês mediante a fé; e oro para que, estando arraigados e alicerçados em amor, vocês possam, juntamente com todos os santos, compreender a largura, o comprimento, a altura e a profundidade e conhecer o amor de Cristo que excede todo conhecimento, para que vocês sejam cheios de toda a plenitude de Deus".

Novamente, nada disso descarta a incrível importância da missão de Deus no mundo ou nosso chamado específico nele. Mas, como vimos no capítulo anterior, um ídolo é algo bom transformado em algo definitivo. A tentação dentro das correntes ativistas do cristianismo é colocar a boa missão de Deus no lugar que somente Deus deveria ocupar. A ironia é que, em nosso desejo de afastar as pessoas do egoísmo da VIDA DE DEUS, podemos acabar simplesmente substituindo um ídolo por outro. Este é o primeiro fracasso da VIDA PARA DEUS — colocar a missão de Deus acima do próprio Deus. Paulo, o missionário mais famoso da história, não cometeu esse erro. Ele entendeu que seu chamado (ser um mensageiro para os gentios) não era o mesmo que seu tesouro (estar unido a Cristo). Sua comunhão *com* Cristo enraizou e precedeu seu trabalho *para* ele.

O perigo de confundir essas duas coisas é muito real. No final de seu Sermão do Monte, Jesus fez uma descrição assustadora daqueles que realizaram muito por Deus, mas não buscaram o próprio Cristo:

"Muitos me dirão naquele dia: 'Senhor, Senhor, não profetizamos em teu nome? Em teu nome não expulsamos demônios e não realizamos muitos milagres?'. Então eu lhes direi claramente: Nunca os conheci. Afastem-se de mim, vocês que praticam o mal!".[82]

O IMPACTO

Transformar a missão de Deus em um ídolo é uma falha comum e grave da VIDA PARA DEUS, porque ela perpetua a rebelião do Éden. É uma maneira mais sutil de destronar Deus e substituí-lo por algo que podemos controlar. Mas o dano causado pela postura VIDA PARA DEUS se estende muito além desse pecado original. Como nas posturas que já exploramos, a VIDA PARA DEUS falha em aliviar nossos medos e ainda consegue aumentar um medo em particular.

Os estudantes universitários se preocupam comumente com o que os espera depois da formatura. Essa é uma preocupação razoável para qualquer jovem adulto, mas para muitos deles a preocupação vai muito além de encontrar um emprego com bons benefícios. Eles se prendem, enquanto alguns ficam obcecados, em "fazer a diferença no mundo". Temem viver vidas insignificantes. Eles se preocupam em não atingir os alvos certos — ou não fazer o suficiente para que atinjam esses alvos. Por trás

---

82. Mateus 7:22-23.

de tudo isso encontramos a crença da VIDA PARA DEUS de que seus valores são determinados pelo que eles alcançam. Aprendi que, quando um aluno me pergunta "O que devo fazer com a minha vida?", o que ele realmente quer saber é: "Como posso provar meu valor?".

A VIDA PARA DEUS pega nosso medo da insignificância e joga gasolina por cima. O fogo resultante pode ser apresentado ao mundo como ambição divina, um desejo santo de ver a missão de Deus avançar — o tipo de impulso evidente na vida do apóstolo Paulo. Mas, quando essas chamas são alimentadas pelo medo, elas não revelam a paz, a alegria ou o amor demonstrados por Paulo. O esforço incansável para provar nosso valor pode rapidamente se tornar destrutivo.

Lembre-se: o plano original de Deus para nós era uma missão. Ele chamou a humanidade para governar, encher e subjugar a Terra e estender sua ordem e sua beleza criativas muito além dos limites do jardim do Éden. Esse trabalho deveria ser realizado em comunhão perpétua *com* Deus e motivado não pelo medo da insignificância, mas pela garantia do amor de Deus por nós. Após a rebelião e a ruptura da nossa união com Deus, a humanidade reteve um senso de missão, um desejo de alcançar e subjugar a Terra. Mas, quando esse trabalho é feito sem Deus e sem o fortalecimento de sua presença e seu amor, aquilo que buscamos como sendo bom e cheio de vida se torna distorcido e destrutivo. E, em vez de encontrarmos nosso valor em Deus por sermos seus filhos amados, tentamos encontrar nosso valor na tarefa que almejamos.

Às vezes, as pessoas que mais temem a insignificância são levadas a realizar as coisas mais grandiosas. Como resultado, elas são altamente elogiadas por suas boas obras, que acalmam temporariamente o medo até que o próximo objetivo precise ser alcançado. Mas há um lado sombrio nessa impulsividade. Gordon MacDonald chamou de "missionalismo". É "a crença de que o valor da vida de alguém é determinado pela consecução de um grande objetivo". Ele disse:

"O missionalismo começa devagar e encontra suporte na atitude do líder. Em pouco tempo, a missão controla praticamente tudo: tempo, relacionamentos, saúde, profundidade espiritual, ética e convicções. Em estágios avançados, o missionalismo significa fazer o que for preciso para resolver o problema. Em sua pior iteração, o fim sempre justifica os meios. A família é prejudicada; a saúde é sacrificada; a integridade é comprometida; a conexão com Deus é limitada".[83]

O que eu estava testemunhando na vida dos estudantes universitários eram os primeiros sintomas do missionalismo. O vírus foi introduzido na sua infância e havia sido incubado por igrejas bem-intencionadas, ministérios, escolas e pela subcultura evangélica. Com a formatura se aproximando, os alunos estavam sentindo a pressão. Afinal,

---

83. Gordon MacDonald, *"Dangers of Missionalism"*, *Leadership Journal*, 1 de janeiro de 2007. Link: http://www.christianitytoday.com/le/2007/winter/16.38.html (acessado em 31 de maio de 2011).

essa era sua primeira oportunidade de provar seu valor pelas suas conquistas.

Phil Vischer, o criador do VeggieTales, uma série bem-sucedida de vídeos caseiros e filmes cristãos com frutas e vegetais animados no computador, foi criado em um ambiente de VIDA PARA DEUS. A experiência de Vischer revela como o medo de ser insignificante é implantado nos jovens. Ele disse que os heróis mais celebrados em sua comunidade eram "os Rockefellers do mundo cristão" — aqueles que eram empreendedores, eficazes e causavam um grande impacto para Deus. Eles criavam ministérios enormes ou transformavam nações inteiras. Isso levou Vischer a concluir que o impacto era o que mais importava. Ele escreveu: "Deus nunca iria nos chamar de uma posição de grande impacto para uma de menor impacto! Quantas crianças você convidou para o culto de domingo? Quantas almas você ganhou? Qual é o tamanho da sua igreja? Quantas pessoas estarão no céu por causa de seus esforços? Impacto, cara!".[84]

Mas, após perder sua empresa em 2003, Vischer começou a questionar a validade dos valores da VIDA PARA DEUS que ele havia herdado e tinham guiado sua carreira desde cedo.

---

84. Phil Vischer, *Me, Myself, and Bob* (Nashville: Thomas Nelson, 2007), p. 238.

"Quanto mais eu mergulhava nas Escrituras, mais percebia que havia sido iludido. Eu cresci bebendo um coquetel perigoso — uma mistura de evangelho, ética de trabalho protestante e sonho americano... O Salvador que eu estava seguindo parecia, em retrospectiva, conter partes de Jesus, Ben Franklin e Henry Ford. Meu valor eterno estava enraizado naquilo que eu podia fazer."[85]

Uma crise profissional fez Vischer parar e reexaminar sua postura em relação a Deus, mas, para outros, o descontentamento persistente de uma vida vivida para Deus se manifesta muito mais lentamente. Considere o que um pastor de trinta e poucos anos escreveu: "A igreja está crescendo, e há entusiasmo por toda parte. Mas, pessoalmente, sinto-me cada vez pior com o que estou fazendo. Estou inquieto e cansado. Eu me pergunto por quanto tempo conseguirei manter isso tudo. Por que meu contato com Deus é tão limitado? Por que estou me sentindo culpado no meu casamento? Quando isso tudo deixou de ser divertido?".[86]

Esse líder não está sozinho. Mencionamos anteriormente o estudo que revelou que cerca de 1.500 pastores abandonam o ministério todos os meses devido a conflitos, esgotamento ou falha moral.[87] Outros estudos revelaram como o ministério enraizado na postura VIDA PARA DEUS realmente contribui para comportamentos de vício.

---

85. Vischer, *Me, Myself, and Bob*, 237.
86. MacDonald, *"Dangers of Missionalism"*.
87. Horton, *"All Crossed Up"*.

Quando os elogios que motivam um senso de significância na vida dos pastores cessam, ou nunca chegam, alguns pastores começam a nutrir prazeres secretos para anestesiar sua dor.

Dave Johnson é pastor da Igreja da Porta Aberta, perto de Minneapolis, Minnesota. Quando ele visitou a igreja pela primeira vez, em 1980, ela era uma congregação pequena; mas, após doze anos de trabalho duro para Deus, a congregação havia se transformado em uma mega igreja. Johnson comentou: "Eu estava vazio. Estava pronto para sair se não desmoronasse primeiro. Lembro-me de receber uma placa de uma organização por sermos uma das dez igrejas que mais haviam crescido na cidade. Mas, por dentro, estávamos uma bagunça. Minha vida pessoal estava uma bagunça".

Na época, Johnson acreditava que ter uma alma saudável e também um ministério de sucesso eram extremos opostos. Servir a Deus exigia sacrifício — incluindo o sacrifício da família e da saúde. Mas a desconexão entre o sucesso mensurável de seu trabalho e o vazio de sua alma era mais do que ele podia suportar. Johnson disse que ele e alguns outros líderes da igreja "levaram a placa a uma floresta, colocaram-na em uma árvore e atiraram nela com um rifle. Odiávamos tudo o que ela representava".[88]

Quando líderes da igreja operam a partir desse entendimento da vida cristã, invariavelmente transferem seu fardo e seus medos para os que estão nos bancos. Se o

---

88. Citação de Dave Johnson em *"Leader's Insight: The High Price of Dying (to Self)"*, *Leadership Journal*, 16 de abril de 2007.

senso de valor de um(a) pastor(a) estiver vinculado ao impacto de seu ministério, adivinhe o que é que os crentes sob seus cuidados irão achar que tem mais valor? E assim nasce uma nova geração de pessoas que acreditam que seu valor está vinculado às suas realizações. Se o ciclo continuar por mais tempo, é criada uma memória institucional em que o custo da conquista para Deus não é mais questionado.

Os líderes podem estar entrando em esgotamento a uma taxa de 1.500 por mês, os jovens podem estar tomados de ansiedade, o índice de divórcio na igreja pode estar subindo e as famílias desmoronando, mas ninguém parece parar e perguntar se isso é realmente o que Deus queria para a vida cristã. Ninguém pergunta, pelo menos não em voz alta, como Paulo poderia estar cheio de alegria na prisão, sem estar fazendo algo tangível para Deus. Não perguntam porque isso pode diminuir o ritmo de tudo. Lembre-se: o trabalho deve continuar. Impacto, cara!

O CANALHA (PARTE 2)

Quando examinamos a postura VIDA DE DEUS, estudamos a parábola do filho pródigo.[89] Se você ainda se lembra, o filho não valorizava o relacionamento com o pai, apenas sua riqueza. Ele pegou o que o pai lhe deu, saiu de casa e desperdiçou seus presentes vivendo uma vida louca. Acabou ficando sem dinheiro e desesperado — o que o levou a alimentar porcos em um país distante. Mas, quando o filho

---
89. Lucas 15:11-32.

voltou para casa em busca da misericórdia de seu pai e de um emprego como servo, ficou surpreso ao ver a alegria de seu pai — correndo para abraçá-lo de braços abertos.

Essa é, no entanto, apenas parte da história. O pai também tinha um filho mais velho, que era muito diferente de seu irmão. Ele era confiável, obediente e vivia para cumprir as ordens do pai. Mas, quando o filho mais velho soube que seu irmão rebelde havia retornado e que seu pai o havia recebido e estava dando uma festa, ele ficou indignado. Na verdade, quando ouviu música e pessoas dançando em sua casa, ele se recusou a participar da celebração. Em vez disso, realizou sua própria festa de autopiedade no campo.

Fiel ao seu próprio caráter, quando o pai descobriu que seu filho mais velho não estava em casa, saiu para procurá-lo. O pai pediu ao filho mais velho que viesse à festa. Mas o filho ficou furioso.

"Olha! todos esses anos tenho trabalhado como um escravo ao teu serviço e nunca desobedeci às tuas ordens. Mas tu nunca me deste nem um cabrito para eu festejar com os meus amigos. Mas quando volta para casa esse teu filho, que esbanjou os teus bens com as prostitutas, matas o novilho gordo para ele!"[90]

Muitas pessoas simpatizam com o filho mais velho ao ouvirem essa história pela primeira vez. Sua raiva parece justificável. Por que o filho desobediente ganhou

---
90. Lucas 15:29-30.

uma festa, enquanto o filho bom não ganhou nenhuma? Os dois filhos representam claramente duas das posturas que examinamos. O filho mais novo e ganancioso ilustra a característica principal da VIDA DE DEUS, enquanto o mais velho e fiel exemplifica VIDA PARA DEUS. Mas Jesus também não exaltou o filho mais velho. Na realidade, seu propósito ao contar a parábola é mostrar como *ambos* os filhos estavam perdidos — como as duas formas de se relacionar com Deus não eram adequadas. Para identificar isso, temos que examinar as palavras do filho mais velho com cuidado, porque podemos encontrar nelas algo perturbador.

Observe onde o filho mais velho fundamentou sua significância: "Todos esses anos tenho trabalhado como um escravo a teu serviço e nunca desobedeci às tuas ordens". O filho mais velho vivia *para* o pai. E *esperava* uma recompensa pelo seu serviço. Dessa forma, ele na verdade não era tão diferente do filho mais novo. Nenhum dos filhos estava particularmente interessado em um relacionamento com o pai. Em vez disso, ambos estavam concentrados no que poderiam obter dele. O filho mais novo simplesmente pegou o que desejava enquanto o filho mais velho, sendo mais paciente e disciplinado, trabalhava para isso. Seus métodos eram diferentes, assim como a noite difere do dia, mas os dois desejavam a mesma coisa, e em nenhum dos casos era o pai. Em outras palavras, os dois filhos tentavam *usar* seu pai. Ambos eram canalhas. Um deles era apenas uma variedade mais aceitável socialmente.

Jesus contou essa parábola em uma reunião com fariseus e escribas — líderes religiosos dedicados, homens que recebiam grande significância por seu serviço a Deus. Será que Jesus estava lhes dizendo que havia algo errado quanto ao serviço a Deus ou à obediência fiel? Claro que não. O problema surge quando encontramos significado e valor em servir ou obedecer. A obediência deu ao filho mais velho, assim como aos fariseus, um senso de justiça próprio — uma arrogância presunçosa que virou amargura, ressentimento e raiva contra aqueles considerados menos importantes.

Jesus não estava desprezando a obediência do filho mais velho, assim como não estava endossando a imoralidade do filho mais novo. Ele estava mostrando que ambas as posturas VIDA DE DEUS e VIDA PARA DEUS falham em compreender o que Deus realmente deseja para seu povo. Entregar nossas vidas a uma missão que acreditamos agradar a Deus não é o alvo da vida cristã. Não é isso que irá remover nossos medos ou nos libertar do nosso cativeiro do pecado. Para descobrir o que mais importa para Deus, precisamos examinar mais de perto a resposta do pai ao filho mais velho na história de Jesus: "Meu filho, você está sempre comigo, e tudo o que tenho é seu. Mas nós tínhamos que celebrar a volta desse seu irmão e alegrar-nos, porque ele estava morto e voltou à vida, estava perdido e foi achado".[91]

O que trouxe alegria ao pai não foi o serviço do filho mais velho, mas simplesmente a presença dele — o filho

---

91. Lucas 15:31-32.

estava *com* ele. Isso era o que mais importava para o pai, não sua propriedade ou qual filho recebera mais. Enquanto os filhos se apegavam à riqueza de seu pai, o pai se apegava aos seus filhos. Foi isso que eles falharam em entender, e é o que A VIDA DE DEUS e PARA DEUS não conseguem captar. As dádivas de Deus são uma bênção, e seu trabalho é importante, mas nenhum desses pode ou deve substituir Deus como o nosso alvo.

Assim como o filho mais novo, muitas vezes construímos nossas identidades em torno do que recebemos de Deus. Ou, como o filho mais velho, encontramos nosso valor em como servimos a Deus. Um grande esforço é gasto em comunidades religiosas que tentam transformar pessoas de filhos mais novos em filhos mais velhos. Mas essa é uma tarefa fútil, porque o que mais importava para o pai não era a desobediência do filho mais novo nem a obediência do filho mais velho, mas ter seus filhos junto *com* ele. E é assim também com nosso Pai celestial. Inverter a rebelião do Éden e restaurar o que foi perdido só pode acontecer quando aprendermos que no centro do coração de Deus encontramos seu desejo de ter seus filhos junto *com* ele.

DISCUSSÃO EM GRUPO – CONVERSANDO *com* OUTROS

Em seus pecados, quaisquer que sejam, o que você acha que Deus pensa de você?

Como o chamado para viver *para* Deus é comunicado em sua igreja ou sua comunidade de fé? Quais pessoas e atividades são mais celebradas? O que é ignorado? Como isso faz você se sentir?

Existe alguma vocação que seja "exaltada" em sua comunidade de modo explícito ou implícito? Em que ordem você as classificaria, começando pela mais importante para a menos importante?

Na parábola dos filhos pródigos (Lucas 15), você se identifica com o filho mais novo ou o mais velho? Que verdades cada personagem expõe sobre sua própria vida?

6

Vida *com* Deus

A EUCATÁSTROFE

"Como é a vida com Deus?" é a pergunta que ouço com mais frequência ao discutir as cinco posturas. As outras quatro são geralmente compreendidas rapidamente, porque estamos familiarizados com elas. Elas correspondem às formas de religião que a maioria de nós já experimentou ou já presenciamos. Mas temos muito mais dificuldade em conceber como é a vida com Deus, porque, infelizmente, ela é muito rara.

No capítulo 1, aprendemos sobre o mausoléu antigo de Gala Placídia em Ravena, na Itália. Os visitantes do mausoléu ficam espremidos ombro a ombro. Na escuridão, os odores começam a se intensificar. A tumba antiga fede, bem, como uma tumba antiga. Juntamente com os turistas excessivamente perfumados e em geral suados, a experiência se torna olfativamente desagradável. Os visitantes mais próximos da saída podem tolerar o desconforto por alguns minutos a mais, antes de fugirem em busca de ar fresco e luz do dia.

Isso compreende a experiência que muitos tiveram com a igreja e o cristianismo. Eles vêm com expectativa, mas saem decepcionados. Talvez ainda se identifiquem como sendo cristãos, mas, na verdade, se contentam com uma postura de relacionamento com Deus bem diferente da desejada por Cristo. Tentar falar com essas pessoas sobre as maravilhas e a beleza da VIDA COM DEUS é extremamente difícil, porque elas simplesmente não têm um ponto de referência. Essas pessoas não conseguem nem começar a imaginar como ela poderia ser; ela permaneceu escondida atrás das sombras projetadas por este mundo sombrio. Como o irmão Lawrence, um monge do século XVII, disse sobre sua rica comunhão com Deus: "Só aqueles que a praticam e saboreiam podem entendê-la".[92]

Mas há esperança. Não somos abandonados na escuridão para sempre. No Gala Placídia, quem é paciente é surpreendido por um deleite inesperado. Moedas inseridas em uma caixa de doações acendem os holofotes. De repente, e por apenas alguns segundos, o céu é revelado — o mosaico é subitamente desvendado para que todos possam ver. Cristo, o Bom Pastor, senta-se entronizado em um paraíso de esmeralda e safira, os redemoinhos iridescentes de estrelas anteriormente invisíveis resplandecem e os turistas malcheirosos são transportados para um outro mundo.

---

92. Irmão Lourenço, "Carta número 2", *A Experiência Mística de Lourenço da Ressurreição*, trad. Alexandre Sérgio da Rocha (Lotus do Saber, 2000), p. 50.

Assim como o teto de mosaico de Ravena, a VIDA COM DEUS está tão além de nossa imaginação que deve ser revelada a nós. Não podemos começar a imaginar a beleza que existe por trás das sombras. Uma luz além de nós mesmos deve ser acesa para que possamos começar a enxergar. E foi exatamente isso que aconteceu quando Deus se fez carne e habitou entre nós.

O advento de Jesus Cristo é o que diferencia o cristianismo de outras religiões. Afirmamos que Cristo é realmente Emanuel, Deus *conosco*, e que a plenitude de Deus teve o prazer de habitar nele. Ele é a imagem do Deus invisível. E, com Jesus, uma maneira totalmente diferente de se relacionar com Deus nos foi revelada.

Em vez de tropeçar na escuridão por entre as formas de religião, que são uma variação de medo e controle (VIDA SOB, SOBRE, DE e PARA DEUS), através de Cristo as luzes são acesas, e a nossa atenção é atraída para uma visão totalmente diferente — a VIDA COM DEUS.

J. R. R. Tolkien, autor de *O Senhor dos Anéis*, costumava empregar um dispositivo para contar histórias, que ele chamava de *eucatástrofe*. Uma catástrofe é um mal inesperado, mas Tolkien acrescentou o prefixo grego *eu*, que significa "bom", para expressar a aparência inesperada da bondade. Ele definiu como "a repentina reviravolta feliz em uma história que te atinge com alegria que te deixa em lágrimas". Isso tem esse efeito sobre nós "porque é um súbito lampejo da Verdade", no qual "sentimos um alívio repentino, como se uma articulação importante de nosso corpo estivesse desconjuntada e repentinamente voltasse ao lugar".[93] A eucatástrofe ocorre repetidamente em suas histórias exatamente quando toda a esperança parece ter sido perdida. É o momento em que as águias entram em cena para o resgate, os cavaleiros de Rohan chegam para a batalha, ou Gandalf, o Branco, aparece no romper do dia.

Relacionamento

Aproveitando a linguagem de Tolkien, a vinda de Jesus Cristo foi uma eucatástrofe. Ele é a luz que nos dá um vislumbre repentino da verdade. Nossas formas humanamente planejadas de nos relacionarmos com Deus, que nunca parecem nos satisfazer, são expostas como sendo desconjuntadas. Mas, em Cristo, as coisas se encaixam repentinamente, e o resultado é alegria. Sua vinda também ilumina uma verdade sobre o cosmos, anteriormente escondida de nossa vista. Se você se lembra, cada uma das quatro posturas populares tem uma maneira diferente de entender o universo. A VIDA SOB DEUS acredita que o mundo é governado pela vontade caprichosa de Deus. A VIDA SOBRE DEUS põe as leis naturais imutáveis no centro de tudo. A VIDA DE DEUS acha que o mundo orbita em torno do "eu" e de seus desejos. E a VIDA PARA DEUS vê a missão divina no centro de todas as coisas.

---

93. "Letter 89", *The Letters of J. R .R. Tolkien*, ed. Humphrey Carpenter (Boston: Mariner, 2000), pp. 99-100.

Mas nas palavras iniciais do Evangelho de João, que falam da divindade e da encarnação de Jesus, recebemos uma visão muito diferente do universo. "No princípio era aquele que é a Palavra. Ele estava com Deus e era Deus. Ele estava com Deus no princípio."[94] Esse é um dos paradoxos duradouros da fé cristã — Jesus (a Palavra) existia antes de todas as coisas, e ele estava *com* Deus e *era* Deus. Desta passagem, e de muitas outras, deriva a doutrina cristã da Trindade: um Deus que existe eternamente em três pessoas — Deus, o Pai; Deus, o Filho e Deus, o Espírito Santo. Embora um estudo mais completo sobre a Trindade esteja além do escopo deste livro,[95] um entendimento básico dessa doutrina é fundamental para entender a visão cristã do cosmos.

Se removêssemos as camadas físicas e metafísicas do tempo e do espaço e déssemos uma espiada no núcleo do universo, não encontraríamos a vontade divina, a lei natural, o desejo pessoal ou a missão global. Em vez disso, encontraríamos Deus existindo em eterno *relacionamento* consigo mesmo. Isso muda nossa visão do mundo e por que Deus o criou. Gosto de como Kevin DeYoung explicou esta realidade: "Com um entendimento bíblico da Trindade, podemos dizer que Deus não criou para ser amado, antes criou a partir do transbordar do amor perfeito que sempre existiu entre Pai, Filho e

---
94. João 1:1-2.
95. Eu recomendo a obra de Robert Letham, *The Holy Trinity in Scripture, History, Theology, and Worship* (Phillipsburg: P&R Publishing, 2005).

Espírito Santo, que vivem em relacionamento e deleite mútuo e perfeito".[96]

A postura VIDA COM DEUS é baseada na visão de que o relacionamento está no cerne do cosmos: Deus, o Pai, *com* Deus, o Filho, *com* Deus, o Espírito Santo. E, portanto, não devemos nos surpreender ao descobrir que, quando Deus desejou restaurar o relacionamento quebrado com as pessoas, ele enviou seu Filho para habitar *com* a gente. Seu plano de restauração da sua criação não era enviar uma lista de regras e rituais a serem seguidos (VIDA SOB DEUS) nem a implementação de princípios úteis (VIDA SOBRE DEUS). Ele não enviou um gênio para conceder nossos desejos (VIDA DE DEUS) nem nos deu uma tarefa a ser cumprida (VIDA PARA DEUS). Em vez disso, o próprio Deus veio estar *com* a gente — para andar conosco mais uma vez, como no princípio havia feito no Éden. Jesus entrou em nossa existência sombria para participar de nosso mundo devastado e iluminar um caminho diferente a ser seguido. Sua vinda foi uma súbita e gloriosa catástrofe do bem.

---

96. Kevin DeYoung, *"The Most Important Doctrine Many Never Think About"*, *The Gospel Coalition Blog*, 22 de setembro de 2009. Link: https://www.thegospelcoalition.org/blogs/kevin-deyoung/most-important-doctrine-many-never/ (acessado em 31 de maio de 2011).

Vida com Deus

Neste capítulo, veremos o que Jesus revelou sobre o relacionamento com Deus e como ele é fundamentalmente diferente das outras quatro posturas que já exploramos. Nos três capítulos finais, veremos como uma VIDA COM DEUS nos posiciona para conhecer a verdadeira fé, esperança e amor de uma maneira que é impossível em outras posturas.

O TESOURO

Para começar, precisamos entender como a postura VIDA COM DEUS difere das outras quatro. Cada uma das posturas — VIDA SOB, SOBRE, DE e PARA DEUS procura *usar* Deus para alcançar algum outro objetivo. Deus é visto como um meio para um fim. Por exemplo, a VIDA DE DEUS usa-o para suprir os desejos materiais. A VIDA SOBRE DEUS usa-o como fonte de princípios ou leis. A VIDA SOB DEUS tenta manipulá-lo através da obediência para garantir bênçãos e evitar calamidades. E a VIDA PARA Deus usa-o, e também sua missão, para obter um senso de direção e propósito.

Mas a VIDA COM DEUS é diferente, porque seu objetivo não é usar Deus, o seu objetivo é o próprio Deus. Ele deixa de ser um dispositivo que empregamos ou uma mercadoria que consumimos. Em vez disso, o próprio Deus se torna o foco do nosso desejo. Mas, antes que possamos realmente desejar Deus, precisamos ter uma compreensão clara de quem ele é e como é. A razão pela qual as pessoas gravitam para uma das outras quatro posturas é porque nunca receberam uma visão clara de quem é Deus e, portanto, se contentam com algo inferior.

Meu filho de seis anos tem um sério vício em açúcar. Cheguei a essa conclusão quando ele, ainda pequeno, viu alguns grãos de açúcar no chão perto de uma barraca de bolo em um estádio de beisebol. Ele caiu de joelhos e começou a lamber o concreto (a mãe dele precisou ser ressuscitada depois da cena). Apesar da óbvia paixão por sacarose, se eu perguntasse ao Isaac: "Gostaria de experimentar um *crème brûlée*?", ele imediatamente recusaria. As palavras *crème brûlée* podem evocar imagens de vegetais ou alguma outra culinária adulta sem graça em sua imaginação. Mas eu sabia que ele responderia de maneira diferente se eu perguntasse: "Gostaria de pudim de baunilha, coberto de açúcar e assado com um maçarico?".

A ideia de combinar grandes quantidades de açúcar com o perigo proibido do fogo é demais para qualquer garoto resistir. Ainda mais convincente do que minha descrição, teria sido assistir à própria preparação da sobremesa. Eu teria que amarrá-lo à sua cadeira para impedir que pulasse nela.

Palavras, ideias e até imagens só fazem sentido quando temos um contexto de referência para elas. Embora o problema do nosso relacionamento com Deus seja muito mais complexo do que a semântica, minha experiência é de que, quando a maioria das pessoas ouve ou pensa em Deus, elas têm uma visão incompleta e, às vezes, totalmente errada de quem ele é. Como resultado, tendem a não o desejar. Na melhor das hipóteses, elas o veem como um instrumento útil para alcançar algo mais desejoso. Mas se a visão delas fosse ampliada e corrigida, se pudessem ver a sua beleza incomparável, compreender o seu amor incondicional, perceber a sua glória radiante e experimentar a sua bondade imaculada, ficaria óbvio que ele é muito mais do que uma divindade que somente precisamos tolerar ou um instrumento a ser usado. Em outras palavras, Deus deixaria de ser *como* adquirimos nosso tesouro e se *tornaria* o nosso tesouro.

Esse foi o grande engano da serpente no Éden — nublou como a humanidade via Deus com suas perguntas astutas. Ela fez o homem e a mulher questionarem a bondade e o amor de Deus. E, com a visão de Deus bloqueada pelas sombras e distorcida pelas mentiras, eles se contentaram com algo inferior.

Considere a história contada pelo apóstolo Marcos no capítulo 5 de seu evangelho. Um homem possuído por um "espírito imundo" se aproximou de Jesus na praia. Ele havia sido expulso de sua aldeia porque não podia ser controlado. Correntes e cordas não o podiam conter; ele gritava incontrolavelmente, cortava-se e torturava-se dia e noite. Tendo misericórdia do homem, Jesus o curou. Quando chegou à vila a notícia sobre o que havia acontecido, as pessoas vieram à praia para ver por si próprias. "Quando se aproximaram de Jesus, viram ali o homem [...] assentado, vestido e em perfeito juízo; e ficaram com medo [...]. Então o povo começou a suplicar a Jesus que saísse do território deles. Quando Jesus estava entrando no barco, o homem que estivera endemoninhado suplicava-lhe que o deixasse ir com ele."[97]

As diferentes reações para com Jesus nessa história são reveladoras. As pessoas da cidade viram o poder de Jesus e ficaram assustadas com ele. *Alguém com esse poder poderia causar danos incalculáveis. Ele poderia dominar nossa vila, escravizar nossas famílias, tomar nossas riquezas. Quem sabe o que uma pessoa tão poderosa pode fazer conosco.* Então, elas imploraram que Jesus fosse embora. Mas o homem que Jesus havia curado experimentou mais do que seu poder — ele também havia visto a sua bondade. O homem curado tinha uma visão muito diferente de Jesus e, portanto, uma reação diferente. Ele queria estar *com* Jesus.

O mesmo padrão ainda é visto nos dias de hoje. Aqueles com uma visão incompleta ou contaminada de Deus querem usá-lo ou dispensá-lo. Mas, quando uma visão completa, clara e arrebatadora de Deus é apresentada, não nos contentamos com nada menos do que estar com ele. Essa visão completa de Deus e de seu caráter não vem de dentro de nós, mas é dada a nós em Jesus, que "é a

---

[97]. Marcos 5:15, 17-18.

imagem do Deus invisível".[98] E ele ressaltou esse mesmo argumento repetidamente ao conversar com aqueles que o seguiam. Ele costumava perguntar o que estavam dispostos a deixar para trás a fim de ficar com ele — sua riqueza, seus outros relacionamentos, suas profissões? Com essas perguntas difíceis, e às vezes ofensivas, Jesus estava determinando se estavam realmente interessados nele ou apenas no que poderia fazer por eles. Muitos, como os aldeões que lhe imploraram que fosse embora, falharam em reconhecer seu valor.

E, no entanto, aqueles que viram o verdadeiro valor de Jesus se exprimiam uns sobre os outros para chegar mais perto dele. Esse era justamente o caso entre os marginalizados e esquecidos da sociedade — cobradores de impostos, prostitutas e pecadores, que tiveram acesso negado a Deus pelas outras posturas religiosas da época. Esses indesejáveis enxameavam Jesus aonde quer que ele fosse, provocando a indignação dos líderes religiosos que tinham interesse focado em promover sua própria postura de se relacionar com Deus, que excluía o povão.

O valor do reino dos céus, que Jesus igualou à sua própria presença, foi mencionado em termos semelhantes. Jesus disse:

"O Reino dos céus é como um tesouro escondido num campo. Certo homem, tendo-o encontrado, escondeu-o de novo e, então, cheio de alegria, foi, vendeu tudo o que

---

98. Colossenses 1:15.

tinha e comprou aquele campo. O Reino dos céus também é como um negociante que procura pérolas preciosas. Encontrando uma pérola de grande valor, foi, vendeu tudo o que tinha e a comprou".[99]

Uma das perguntas que faço às pessoas para determinar o diagnóstico de qual postura elas vivem é: *O que é o seu tesouro? Qual é o objetivo e o desejo da sua vida? O que você daria tudo para possuir?* Você pode imaginar a gama de respostas que já ouvi. Mas, ocasionalmente, os olhos de uma pessoa se fixam, como se estivessem olhando para algo ou alguém passando atrás de mim. Um sorriso sutil aparece. E elas respondem: "Cristo. Ele é meu tesouro". Essa pessoa encontrou o fundamento irredutível de uma VIDA COM DEUS.

Infelizmente, é isso que muitas igrejas e ministérios não conseguem entender. O principal objetivo de nossas reuniões de louvor, pregação e programas deve ser a apresentação de uma visão arrebatadora de Jesus Cristo. Quando as pessoas vêm para saber quem e como Deus é, o resultado natural será querê-lo como um tesouro especial. Mas, em muitos lugares, a visão de Cristo permanece oculta por trás das sombras, enquanto as glórias menos importantes — geralmente alguma variação dos valores da cultura ou da missão da igreja — recebem os holofotes. E então coçamos a cabeça em perplexidade quando as pessoas deixam a igreja desapontadas e insatisfeitas ou

---

99. Mateus 13:44-46.

param de se envolver em suas atividades. "Minha congregação precisa de um pontapé na parte de trás para começar a compartilhar sua fé", disse-me um pastor. O que seu povo provavelmente precisa é de uma visão clara de quem realmente é Cristo — uma visão que acho que este pastor também precisa.

A Reunião

Tesouro → União → Conhecimento íntimo

VIDA COM DEUS significa estimá-lo como nosso maior tesouro. Somos inspirados a considerá-lo nosso tesouro quando ele nos é revelado em Jesus Cristo. Mas isso, por si, não responde à pergunta que propusemos explorar: *Como é a VIDA COM DEUS?* Uma visão de Deus que nos leva a estimá-lo não é a mesma coisa que viver *com* ele. Há dois componentes adicionais necessários para completar essa imagem.

Pense em um jovem que recentemente tirou sua carteira de motorista. Ele quer dar início à sua vida motorizada em um Ford Mustang clássico. Primeiro, o jovem precisa ter uma *visão* de como será sua vida com um Mustang, que acabará fazendo com que ele considere esse veículo seu tesouro. Mas estimá-lo não significa que ele esteja vivendo *com* o Mustang. Duas outras coisas devem acontecer. Primeiramente, ele também precisa se *unir* ao

Mustang. Isso pode acontecer de diversas formas: pela compra, ganhar o carro de presente ou roubar de alguém. Mas, até que tenha o carro, não pode ter uma vida *com* ele. Por último, sua vida almejada não será completa enquanto o Mustang estiver na garagem: ele deve fazer mais do que apenas possuir o Mustang; precisa conhecer intimamente o carro. Ele tem que andar com o carro, dirigi-lo pelas ruas e sentir seu motor.

Essa analogia, reconhecidamente simples, pode se aplicar à nossa VIDA COM DEUS. Quando chegamos a estimá-lo e não apenas usá-lo, restam ainda duas perguntas: como nos *unimos* a Deus e como o *conhecemos intimamente*? A VIDA COM DEUS implica todos os três: valorizar, unir e conhecer.

A Bíblia não fala em "possuir Deus" da maneira como alguém é dono ou adquire uma propriedade. Ele não é um objeto passivo, como um Mustang clássico para ser comprado e exibido. Os escritores do Novo Testamento falaram sobre estar "unidos com" ou "reconciliados com" Deus. Eles usaram a linguagem relacional para enfatizar a natureza interpessoal dessa conexão humano-divina. Quando o apóstolo Paulo falou em sermos reconciliados com Deus (como em 2 Coríntios 5), sua linguagem aludia ao fato de que em algum momento a humanidade havia vivido em união com Deus, mas que esse estado de unidade foi perdido. Como tal, precisamos ser reunidos novamente — reconciliados. Por mais que possamos valorizar Deus e desejá-lo, há algo que nos impede de viver com ele. Este algo é o pecado.

Lembre-se: no princípio do Éden, o homem e a mulher se rebelaram contra Deus buscando uma existência autônoma sem ele. Essa rebelião, que foi repetida por cada um de nós, manifesta-se de inúmeras maneiras, incluindo variedades religiosas que buscam usar ou manipular Deus — VIDA SOB, SOBRE, DE e PARA DEUS. Como o profeta Isaías disse, com razão: "Todos nós, como ovelhas, nos desviamos, cada um de nós se voltou para o seu próprio caminho".[100] E a consequência de romper nossa união com Deus, o impacto de nos separarmos do Criador da vida, é a morte. A rebelião do pecado que leva à morte deve ser vencida se quisermos nos unir novamente a Deus. Mas como?

Felizmente, Jesus não veio meramente para ser uma revelação maravilhosa do próprio Deus a fim de que pudéssemos vê-lo como nosso tesouro, mas ele também veio nos reconciliar com Deus, para que o nosso desejo (e o dele) fosse cumprido. Quando João Batista viu Jesus, ele declarou: "Vejam! É o Cordeiro de Deus, que tira o pecado do mundo".[101] E Jesus afirmou: "o Filho do homem veio para (...) dar a sua vida em resgate por muitos".[102]

É por isso que a cruz é tão central para a fé cristã. Na cruz, Jesus levou o castigo pelos nossos pecados sobre si próprio. Ele morreu a nossa morte. Enquanto pregado a uma cruz romana, ele gritou: "Meu Deus, por que você me abandonou?". Ele suportou uma espécie de separação

---

100. Isaías 53:6.
101. João 1:29.
102. Marcos 10:45.

de Deus que o resto da humanidade mereça. O profeta Isaías descreveu a humanidade pecaminosa como ovelhas errantes, mas sua profecia continuou a prever o trabalho de Jesus de redimir o pecado: "Todos nós, como ovelhas, nos desviamos, cada um de nós se voltou para o seu próprio caminho; e o Senhor fez cair sobre ele a iniquidade de todos nós".[103]

Com a barreira do pecado e da morte removida por Jesus na cruz, foi aberto o caminho para nos reconciliarmos com Deus, nos unirmos a ele mais uma vez. Tudo o que resta é confiar no que Cristo fez. Isso se chama fé. A fé em Jesus Cristo é como nos unimos a Deus.

Para aqueles familiarizados com a Bíblia, ou que tiveram uma experiência significativa na igreja, tudo isso pode soar muito familiar. Mas, em muitas apresentações da mensagem cristã, a união com Deus (fomos reconciliados através da cruz) é divorciada de qualquer noção que considere Deus como nosso tesouro. Como resultado, muitos acabam expressando fé em Cristo para que seus pecados possam ser perdoados, mas o fazem para ter um bilhete para o céu ou um passe para sair do inferno, e *não* porque realmente desejam Deus. Quando isso acontece, caímos novamente na armadilha de *usar* Deus. Nesse entendimento popular do evangelho, Deus se torna um meio, um artifício, e não o fim e o nosso tesouro. Esse não é o evangelho cristão. John Piper expressou bem o problema:

---

103. Isaías 53:6.

"Cristo não morreu para perdoar pecadores que prezam qualquer coisa acima de vê-lo e conhecê-lo. E as pessoas que seriam felizes no céu se Cristo não estivesse lá não estarão lá. O evangelho não é uma maneira de levar as pessoas ao céu; é uma maneira de levar as pessoas a Deus. É uma maneira de superar todos os obstáculos até a alegria eterna em Deus. Se não queremos Deus acima de todas as coisas, não somos convertidos pelo evangelho".[104]

Como vimos no capítulo 1, desde o início de Gênesis até o final de Apocalipse, o foco e o desejo de Deus têm sido estar com seu povo. Ele caminhou no jardim com o homem e a mulher e procurou governar a criação *com* eles. E o ápice da história em Apocalipse celebra a reunião de Deus e da humanidade: "Agora o tabernáculo de Deus está com os homens, com os quais ele viverá. Eles serão os seus povos; o próprio Deus estará com eles e será o seu Deus".[105]

Realizar o desejo de Deus de estar conosco é o motivo pelo qual Jesus foi à cruz. Ele não morreu apenas para inaugurar uma missão (VIDA PARA DEUS) ou nos dar uma segunda chance na vida (VIDA DE DEUS). Ele não suportou os horrores da cruz apenas para demonstrar um princípio de amor a ser imitado (VIDA SOBRE DEUS) ou apaziguar a ira divina (VIDA SOB DEUS). Embora cada uma delas possa estar enraizada na verdade e afirmada pelas Escrituras, é somente quando compreendemos o desejo inflexível de Deus de estar *conosco* que começamos a ver o objetivo

---

104. John Piper, *Deus é o Evangelho* (São José dos Campos, SP: Editora Fiel, 2007).
105. Apocalipse 21:3.

final da cruz. É mais do que um veículo para nos resgatar da morte; a cruz nos transporta para os braços da Vida. A cruz é como adquirimos nosso tesouro. É assim que encontramos unidade com Deus.

O AGORA

Até agora, vimos que o desejo de uma VIDA COM DEUS é aceso quando o vemos como ele realmente é e começamos a tê-lo como um tesouro, e não apenas para usá-lo. Também observamos que a VIDA COM DEUS é possível por causa do que Jesus fez na cruz: ele removeu a barreira do pecado e da morte que nos separa de Deus. Fomos unidos a ele por meio de Cristo.

Infelizmente, é aqui que muitas pessoas param de explorar a fé cristã. Tendo confiado em Cristo e na suficiência de seu sacrifício na cruz, elas presumem que qualquer experiência adicional com Deus pode esperar até a morte, quando estarão livres e serão levadas à sua presença. Essa visão descarta os anos restantes de vida como sendo uma inconveniente perda de tempo antes de entrarmos na eternidade e vê a Terra como sendo um pouco mais do que uma sala de espera de Deus. Mas isso não é de forma alguma consistente com o que as Escrituras ensinam.

O fato é que, tendo sido unidos a Deus por meio de Cristo, somos convidados a experimentar a VIDA COM DEUS *agora*. É verdade que iremos conhecê-la mais plenamente quando nós e o mundo estivermos completamente libertos de toda a doença e da malícia do pecado, mas isso não significa que não possamos conhecer Deus intimamente no presente. O apóstolo Paulo escreveu sobre nossa capacidade de conhecer Deus hoje, mesmo que imperfeitamente, e de conhecê-lo plenamente no futuro: "Agora, pois, vemos apenas um reflexo obscuro, como em espelho; mas, então, veremos face a face. Agora conheço em parte; então, conhecerei plenamente, da mesma forma como sou plenamente conhecido".[106]

Mas Paulo e os outros apóstolos enfatizaram a realidade de conhecer Deus no presente, de termos intimidade com ele hoje![107] E é importante reiterar que, na Bíblia, "conhecer" não é meramente um conhecimento intelectual ou cognitivo, a palavra se refere a um relacionamento pessoal e íntimo. É possível ter um relacionamento interpessoal, íntimo e interativo com Deus muito antes de batermos as botas. Gosto da maneira como Dallas Willard expressou essa maravilhosa verdade:

"O tesouro que temos no céu é também algo perfeitamente disponível para nós hoje. Podemos e devemos recorrer a ele segundo nossas necessidades, pois este tesouro é nada menos que o próprio Deus e o magnífico convívio no seu reino, reino que agora mesmo se entrelaça com a nossa vida. Já chegamos 'ao monte Sião, à Jerusalém celestial, à cidade do Deus vivo. Chegaram aos milhares de milhares de anjos em alegre reunião, à igreja dos primogênitos, cujos nomes estão escritos nos céus. Vocês

---
106. 1 Coríntios 13:12.
107. Filipenses 3:8; Gálatas 4:9; 1 João 4:8.

chegaram a Deus, juiz de todos os homens, aos espíritos dos justos aperfeiçoados, a Jesus, mediador de uma nova aliança' (HB 12:22-24). Não é para logo, mas já.

O mais valioso para qualquer ser humano, deixando o além para o além, é fazer parte dessa maravilhosa realidade, o reino de Deus agora. A eternidade já começou. Estou hoje mesmo vivendo uma vida que durará para sempre."[108]

Voltando à nossa analogia do Mustang clássico, em Cristo não apenas nos unimos ao nosso tesouro, como também recebemos as chaves e fomos convidados a dar uma volta. Mas, infelizmente, algumas pessoas nunca foram instruídas em como fazer isso. A noção de ter um "relacionamento pessoal com Deus" soa familiar, até mesmo um clichê em algumas tradições cristãs. Mas, para muitos dos homens e mulheres mais jovens que aconselhei, um relacionamento com Deus significa pouco mais do que ler a Bíblia quinze minutos por dia, pedir ajuda a ele em suas lutas e frequentar a igreja com alguma frequência. Eles não têm uma visão mais ampla.

---

108. Dallas Willard, *A Conspiração Divina* (Cajamar, SP: Mundo Cristão, 2001), p. 135.

Comunicação

Comunhão

Como nos dois passos anteriores na postura VIDA COM DEUS (valorizar e unir), Jesus também modelou o que é conhecer a Deus intimamente. Os escritores dos Evangelhos registraram que Jesus frequentemente buscava a solidão para orar. Ele queria um tempo sozinho com seu Pai. E seus discípulos, os mais próximos dele, ficavam intrigados com sua prática. Ele não orou como os outros rabinos daquela época. Então eles lhe pediram: "Senhor, ensina-nos a orar".[109] A oração que Jesus lhes ensinou foi adotada pelos cristãos ao longo da história. A Oração do Pai Nosso[110] é muito mais do que uma lista de pedidos oferecidos a Deus: é o padrão de uma vida em comunhão *com* ele.

Para muitas pessoas, a oração é vista principalmente como forma de *comunicação* — como conversamos com Deus. Em algumas tradições cristãs, acredita-se que Deus pode até falar conosco em oração. Mas, em ambos os

---
109. Lucas 11:1.
110. Mateus 6:9-13; Lucas 11:2-4.

casos, a definição de oração é limitada à comunicação. E, embora a comunicação certamente faça parte da oração, não abrange a totalidade do que Jesus ou seus apóstolos ensinaram sobre isso. Jesus não experimentou a presença de seu Pai apenas em seus momentos de solidão ou enquanto falava com ele, mas também durante as horas em que estava curando, ensinando e servindo aos outros. Ele falou da total dependência de seu Pai: "O Filho não pode fazer nada de si mesmo; só pode fazer o que vê o Pai fazer, porque o que o Pai faz o Filho também faz".[111] E Jesus repetidamente falou em habitar com o Pai em unidade presente: "As palavras que eu digo não são apenas minhas. Ao contrário, o Pai, que vive em mim, está realizando a sua obra. Creiam em mim quando digo que estou no Pai e que o Pai está em mim".[112]

Embora Jesus certamente orasse, tanto privadamente quanto em público, essas declarações não abrangeram a plenitude de seu relacionamento com o Pai. Uma leitura mais completa dos Evangelhos mostra que Jesus viveu em constante *comunhão* com o Pai, mesmo quando nenhuma palavra foi usada. Esse entendimento mais holístico da oração muitas vezes é desconcertante para aqueles que só conhecem a oração como comunicação.

Por exemplo, na década de 1980, Dan Rather entrevistou Madre Teresa. O âncora da CBS perguntou a ela:

— Quando você ora, o que você diz a Deus?

— Eu não digo nada — ela respondeu. — Eu escuto.

---

111. João 5:19.
112. João 14:10-11.

— Tudo bem — disse Rather, dando outra chance. — Quando Deus fala com você, então, o que ele diz?

— Ele não diz nada. Ele ouve.

E o entrevistador não sabia como continuar. Ficou apenas perplexo.

— E se você não entende isso — acrescentou Madre Teresa —, não posso explicar para você.[113]

Esse entendimento de oração como comunhão é o que Paulo quis dizer quando ordenou aos cristãos "orem continuamente".[114] Paulo estava nos chamando a viver como Jesus — em constante conexão com Deus, mesmo quando nenhuma palavra é trocada. Isso é possível através da presença do Espírito de Deus dentro de nós.

Jesus prometeu enviar o Espírito Santo ao seu povo (João 14): "Naquele dia, compreenderão que estou em meu Pai, vocês em mim, e eu em vocês".[115] No mesmo discurso, ele nos disse: "Permaneçam em mim, e eu permanecerei em vocês. Nenhum ramo pode dar fruto por si mesmo se não permanecer na videira. Vocês também não podem dar fruto se não permanecerem em mim. Eu sou a videira; vocês são os ramos".[116] Esse chamado para habitar ou permanecer é um estado de ser contínuo, não um convite para conversar de vez em quando. Somos convidados a viver em contínua comunhão com Deus, e isso é possível graças à presença do seu Espírito, que está conosco.

---

113. Madre Teresa citada por Chuck Swindoll, *So You Want to Be Like Christ? Eight Essentials to Get You There* (Nashville: Thomas Nelson, 2005), pp. 61-62.
114. 1 Tessalonicenses 5:17.
115. João 14:20.
116. João 15:4-5.

Ao nos conceder sua presença através do Espírito Santo, podemos, como Dallas Willard disse, ter nosso tesouro agora. Podemos viver em constante comunhão sem fim com Deus. Thomas Kelly escreveu sobre esse tipo de vida em seu clássico, embora simples, mas profundo, *Um Testamento de Devoção*. Ele descreveu como "simultaneidade" — a capacidade de se envolver com duas coisas ao mesmo tempo:

"Existe uma maneira de ordenar nossa vida mental em mais de um nível ao mesmo tempo. Em um nível, podemos estar pensando, discutindo, vendo, calculando, atendendo a todas as demandas externas de nossas interações. Mas no fundo, nos bastidores, em um nível mais profundo, também podemos estar em oração e adoração, cantando e adorando e mantendo uma receptividade serena às respirações divinas. O mundo secular de hoje valoriza e cultiva apenas o primeiro nível, acreditando que é ali que as atividades reais da humanidade acontecem.... Mas sabemos que o nível profundo da oração é a coisa mais importante do mundo. É nesse nível profundo que as atividades reais da vida são determinadas".[117]

Isso certamente descreve como Jesus viveu. Enquanto prestava atenção ao seu bom trabalho de tocar, ensinar, curar e ajudar, ele estava em constante comunhão com o Pai — sempre consciente de sua presença com ele e nele. Tempos de solidão e quietude foram buscados e planejados,

---

117. Thomas R. Kelly, *A Testament of Devotion* (Nova York: Harper Collins, 1992), p. 9.

mas eles não continham nem restringiam sua comunhão com o Pai. Em vez disso, eram momentos em que a vida nos dois níveis poderia ser condensada num só.

Quando vemos a oração como comunhão e não apenas como comunicação, sua importância na vida cristã será alterada. Se Deus é verdadeiramente nosso tesouro, e se temos fé que através de Cristo fomos unidos a ele, então a oração deixa de ser um dever do cristão e se torna a nossa alegria, porque é assim que conhecemos intimamente nosso tesouro no presente.

Em 1982, o programa de TV *Today*, na cidade de Nova York, organizou uma entrevista com o reverendo Billy Graham. Quando ele chegou ao estúdio, um dos produtores informou ao assistente do reverendo que uma sala privada havia sido reservada para a sua oração antes da transmissão. O assistente agradeceu ao produtor pelo gesto atencioso, mas disse que Graham não precisaria da sala. O produtor ficou um pouco chocado pelo fato de um líder cristão mundialmente famoso não querer orar antes de ser entrevistado na televisão nacional ao vivo. O assistente de Graham respondeu: "O Sr. Graham começou a orar quando se levantou esta manhã, orou enquanto tomava o café da manhã, orou no caminho até o carro e provavelmente estará orando durante toda a entrevista".[118]

---

118. Thomas R. Kelly, *A Testament of Devotion* (Nova York: HarperCollins, 1992), p. 9.

DISCUSSÃO EM GRUPO – CONVERSANDO *com* OUTROS

Qual dos cinco "cernes da maçã" representa melhor como você sempre entendeu sua vida religiosa: vontade divina, leis/princípios, identidade, missão ou relacionamento? Qual foi o mais enfatizado pela sua comunidade?

Você diria que está buscando Deus em primeiro lugar para alcançar algum desejo ou o seu desejo é o próprio Deus? Como você diferencia sua motivação?

Quem ou o que moldou sua visão de quem é Deus? O seu entendimento de Deus é mais positivo ou negativo?

Você consegue pensar em uma época de sua vida em que teve uma imagem deslumbrante e bonita de Deus? O que contribuiu para essa visão? O que em sua vida obscurece sua visão de Deus?

John Piper disse: "O evangelho não é um instrumento para levar as pessoas ao céu; é um instrumento para levar as pessoas a Deus". Como você conheceu o evangelho? Ele foi banhado no medo ou em um desejo positivo por Deus?

Descreva como você ora. Sua vida de oração é marcada principalmente por comunicação ou comunhão? É uma obrigação ou um prazer? O que pode te ajudar a orar de maneira diferente?

7

Vida *com* Fé

OS TRAPEZISTAS

O medo e o controle são a base de toda religião humana. Essa ideia foi introduzida no capítulo 1, conforme exploramos a natureza de nossa existência após o Éden. Vivemos em um mundo muito perigoso, marcado por caos, feiura e escassez. Ao reconhecermos os perigos em nossa volta, sentimos medo e, em consequência, tentamos mitigar nosso medo ao buscar controle. Acreditamos que, através do controle, podemos nos proteger do perigo e, portanto, reduzir nossos medos.

 É aqui que a religião entra em cena. Nos capítulos 2 a 5, vimos como as VIDAS SOB, SOBRE, DE e PARA DEUS são na verdade tentativas de controle. Se você se lembra, a VIDA SOB DEUS procura controlar o mundo garantindo a bênção de Deus através de rituais e/ou moralidade. Existe melhor maneira de controlar o mundo do que controlar o Deus que o criou?

A VIDA SOBRE DEUS adota uma abordagem ligeiramente diferente. Ela emprega leis naturais ou princípios divinos extraídos da Bíblia para ajudar a vencer os desafios da vida. Quer evitar uma catástrofe? Então organize sua vida de acordo com os princípios de Deus.

A VIDA DE DEUS está preocupada principalmente com a escassez — não ter o suficiente. Ela afirma que é necessário acumular riquezas, saúde e popularidade suficientes para proteção própria contra as calamidades que afligem tantos. E todos esses produtos são melhores quando vindos *de* Deus.

A VIDA PARA DEUS, retratada pelo filho mais velho na parábola de Jesus, tenta extrair o favor de Deus através do serviço fiel. Se fizer o bastante *para* Deus, ele automaticamente te abençoará e protegerá.

Embora essas posturas usem uma abordagem diferente, todas são uma tentativa de controlar o mundo para aliviar nossos medos — especialmente o da morte. Mas todas igualmente falham em cumprir essa promessa. Em alguns casos, elas aumentam nossos medos e os adicionam aos perigos em nosso mundo. Isso ocorre porque nossas tentativas de controle nunca são suficientes. Como criaturas finitas, nunca poderemos adquirir controle suficiente sobre o cosmos para garantir nossa total segurança. Então, em vez de produzirem paz e tranquilidade em nossas almas, muitas formas de religião funcionam como uma esteira, onde a velocidade aumenta gradualmente. Corremos cada vez mais rápido para obter maior controle, mas nunca chegamos ao nosso destino. Junto a esse dilema, encontramos o fato de que, para garantir minha segurança ou da minha comunidade, muitas vezes preciso exercer controle sobre outras pessoas e comunidades. Para que eu tenha o suficiente, você precisa ter menos. Isso leva a conflitos, guerras e mais medo. A experiência humana pode ser resumida neste simples diagrama:

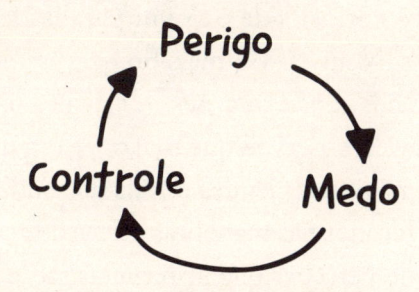

Perigo → Medo → Controle → (ciclo)

Mas a VIDA COM DEUS se distancia das outras formas de religião porque aceita um simples fato: controle é uma ilusão. Nenhuma quantidade de controle será suficiente para garantir nossa segurança, e nenhuma quantidade de controle jamais conseguirá remover nossos medos. Além disso, qualquer conforto que obtivermos através do controle será nada mais do que um efeito placebo. Estamos nos enganando ao acreditar que estamos seguros quando, na verdade, não estamos. Jesus ilustrou isso na história sobre um homem rico de colheitas abundantes (Lucas 12). Ele construiu grandes celeiros para armazenar seus grãos e disse a si mesmo: "Você tem grande quantidade de bens, armazenados para muitos anos. Descanse, coma, beba e alegre-se".[119] Ele não sabia que a morte viria sobre ele naquela mesma noite.

---
119. Lucas 12:19.

O controle é uma ilusão, então qual é a alternativa? Como podemos nos libertar do medo e de nossas tentativas inúteis de controle? Henri Nouwen, um padre, professor e autor holandês, encontrou a resposta no Flying Rodleighs, um grupo de trapezistas da África do Sul. Enquanto estava na Alemanha, Nouwen assistiu a um show por curiosidade e se viu paralisado pela arte dos acrobatas. Nouwen viu mais do que um espetáculo emocionante nos voos e rotações — ele viu a teologia em ação.

Nouwen observou que o *flyer* — o trapezista que voa no ar — não é realmente a estrela do show. Embora todos estejam focados nas manobras aéreas do acrobata, às vezes deixam de perceber que as piruetas são possíveis apenas porque ele confia totalmente que será pego. Tudo depende do *catcher* — o acrobata que o segura. Isso levou Nouwen a uma nova forma de entender sua vida com Deus. "Só posso voar livremente quando sei que há um *catcher* para me pegar", escreveu ele.

Para entender melhor sua nova metáfora da vida cristã, Nouwen foi vestido com o equipamento de segurança e subiu no trapézio. O ex-professor de Yale e Harvard, com sessenta e poucos anos, gargalhava enquanto voava. E como uma criança, depois de cada queda amortecida pela rede, pedia para subir de novo e de novo. Saber que estava seguro permitiu que qualquer medo de altura ou lesão fosse substituído por uma alegria infantil. Ele disse:

"Se queremos correr riscos, ser livres no ar, na vida, precisamos saber que existe um *catcher*. Temos de saber que, quando cairmos de tudo seremos apanhados, estaremos seguros. O grande herói é o menos visível. Confie no *catcher*".[120]

As piruetas de Nouwen exemplificam a fé. A fé é o oposto de buscar o controle. É abrir mão do controle. Ela adota a verdade de que o controle é uma ilusão — nunca tivemos e nunca teremos. Em vez de tentar superar nossos medos buscando mais controle, a solução oferecida pela VIDA COM DEUS é exatamente o oposto — vencemos o medo renunciando o controle. Mas a rendição só é possível se tivermos total garantia de que estamos seguros. Devemos estar convencidos de que, se soltarmos nossas mãos, seremos apanhados. Essa garantia só ocorre quando confiamos que nosso Pai celestial deseja estar *conosco* e não nos deixará cair.

João era o caçula dos apóstolos de Jesus — provavelmente apenas um adolescente na época de seu chamado. E, quando chegou ao crepúsculo de sua longa vida, escreveu a mensagem que o havia transformado: "Esta é a mensagem que dele ouvimos e transmitimos a vocês: Deus é luz; nele não há treva alguma".[121] Jesus levou à Terra a mensagem da completa bondade de Deus para conosco. Podemos confiar em Deus. E esta mensagem de sua boa vontade para conosco é confirmada pelo sacrifício de Jesus na cruz.

João continuou: "Foi assim que Deus manifestou o seu amor entre nós: enviou o seu Filho Unigênito ao mundo, para que pudéssemos viver por meio dele. Nisto consiste o amor: não em que tenhamos amado a Deus, mas em que

---

120. Henri Nouwen citado no *Angels over the Net*, DVD, dirigido por The Company (Nova York: Spark Productions, 1995).
121. 1 João 1:5.

ele nos amou e enviou seu Filho como propiciação pelos nossos pecados".[122]

É o conhecimento profundo do amor de Deus — sua bondade inflexível para conosco — que nos livra do medo e nos dá coragem para nos rendermos a ele. A verdadeira fé, a rendição completa, só é possível na postura VIDA COM DEUS. Como João disse: "O perfeito amor expulsa o medo".[123] Quando vivemos com Deus, quando estamos unidos a ele e experimentamos da sua bondade e do seu amor, o medo perde seu controle sobre nossas almas. Com promessas do amor sem limites de Deus, a VIDA COM DEUS quebra os ciclos intermináveis de medo e luta pelo controle. Quando vivemos em comunhão abundante com Deus somos livres para voar, sabendo que o *catcher* nunca nos deixará cair.

O PASTOR

Como mais pessoas vivem em comunidades urbanas ou suburbanas do que no passado, a maioria de nós tem dificuldade em compreender quanto as ovelhas são absurdamente estúpidas. Considere a notícia que veio da Turquia em 2005. Os habitantes da cidade de Gevas testemunharam horrorizados quando uma ovelha pulou em direção à morte e outras 1.500 a seguiram penhasco abaixo. Quando os aldeões, cujos meios de subsistência dependiam do rebanho, chegaram ao pé da montanha encontraram uma

---

122. 1 João 4:9-10.
123. 1 João 4:18.

pilha branca de animais mortos. Quatrocentas e cinquenta ovelhas foram perdidas, mas surpreendentemente mil animais sobreviveram. Parece que, à medida que a pilha crescia, a queda ficava mais almofadada. Acontece que os pastores responsáveis pela proteção do rebanho deixaram as ovelhas na montanha para ir tomar café da manhã, e os bichinhos começaram a voar.[124]

A importância de um pastor é inversamente proporcional à inteligência do animal que está sendo pastoreado. Os cães, por exemplo, conseguem sobreviver razoavelmente bem, mesmo sem um superintendente humano. A maioria dos vira-latas tem a malandragem da rua para conseguir comida, evitar carros e produzir mais cachorrinhos. Os golfinhos são ainda melhores; de fato, eles prosperam sem os humanos. As ovelhas, por outro lado, não têm o bom senso de não pular de um penhasco. Elas precisam de um pastor para sobreviver.

Dada a estupidez das ovelhas, podemos ficar ofendidos ao descobrir que a Bíblia nos compara repetidamente aos ovinos imbecis. Mas a metáfora visa fazer mais do que destacar nossa propensão a nos desviarmos em direção ao perigo, por mais legítimas que sejam essas inclinações.[125] Às vezes, as ovelhas são ameaçadas por forças além de sua falta de inteligência. As Escrituras afirmam que vivemos em um mundo perigoso. Há lobos, fome e tempestades, e, como ovelhas, precisamos de um pastor para nos guiar e proteger enquanto passamos por lugares sombrios.

---

124. "450 sheep jump to their deaths in Turkey", *USA Today*, 8 de julho de 2005.
125. Isaías 53:6.

Tanto no Antigo como no Novo Testamento, Deus se refere a si próprio como sendo o nosso Bom Pastor, destacando tanto sua benevolência quanto nossa inanidade. Mas as passagens que empregam a analogia do pastor geralmente estão vinculadas ao alívio do medo. O rei Davi, um ex-pastor, falou sobre isso em uma das passagens mais conhecidas da Bíblia:

> "O SENHOR é o meu pastor; de nada terei falta.
> Em verdes pastagens me faz repousar
> e me conduz a águas tranquilas;
> restaura-me o vigor.
> Guia-me nas veredas da justiça
> por amor do seu nome.
> Mesmo quando eu andar
> por um vale de trevas e morte,
> não temerei perigo algum, pois tu estás comigo;
> a tua vara e o teu cajado me protegem".[126]

A certeza de que Deus estava com ele removeu os medos de Davi — até mesmo o medo da morte. Ele sabia que seu pastor não o abandonaria; poderia abrir mão do controle, voar pelo ar e confiar que seria pego.

---

126. Salmo 23:1-4.

Jesus usou a metáfora do pastor: "Eu sou o Bom Pastor. O bom pastor dá a sua vida pelas ovelhas. O assalariado não é o pastor a quem as ovelhas pertencem. Assim, quando vê que o lobo vem, abandona as ovelhas e foge. (...) Ele foge porque é assalariado e não se importa com as ovelhas. Eu sou o Bom Pastor; conheço as minhas ovelhas, e elas me conhecem".[127]

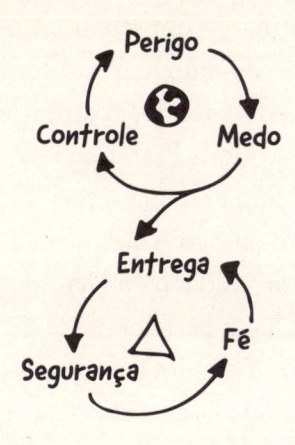

Perigo → Medo → Entrega → Segurança → Fé → Entrega ← Controle ← Perigo

Lembre-se de que "*conhecer*", nas Escrituras, denota conhecimento relacional — um relacionamento íntimo, e não simplesmente um conhecimento cognitivo. Então, o que Jesus estava descrevendo é a mesma ideia que Davi expressou no Salmo 23. Conhecer a Deus, experimentando a vida com ele, remove nossos medos. Nosso pastor não nos deixará, mas nos protegerá dos lobos e caminhará conosco até pelo vale da sombra da morte. É a presença dele *conosco* que remove o medo, e não a nossa capacidade de controlá-lo pela nossa moralidade

---

127. João 10:11-14.

ou de controlar nosso ambiente através do conhecimento de leis ou princípios.

Pode parecer uma ideia rudimentar, mas a proteção de Deus sobre suas ovelhas não pode ser omitida no caminho para teologias mais profundas. É uma verdade que deve ser profundamente internalizada e experimentada em comunhão com ele, porque é somente quando atingimos uma profunda confiança em seu amor e seu carinho por nós que nossa visão do mundo é transformada. Em vez de vermos o cosmos como um lugar ameaçador que provoca medo, com o nosso Bom Pastor ao nosso lado podemos realmente chegar a "não temer o mal".

Dallas Willard observou que, quando aceitamos a realidade do amor e do cuidado de Deus por nós, vemos que "este mundo é um lugar perfeitamente seguro para nós".[128] Apesar dos perigos inerentes à nossa existência pós-Éden, se estivermos com Deus, ele cuidará de nós.

"Não tema, pois eu o resgatei; eu o chamei pelo nome; você é meu. Quando você atravessar as águas, eu estarei com você; quando você atravessar os rios, eles não o encobrirão. Quando você andar através do fogo, não se queimará; as chamas não o deixarão em brasas. Pois eu sou o Senhor, o seu Deus, o Santo de Israel, o seu Salvador (...) Não tenha medo, pois eu estou com você."[129]

---

128. Willard, *A Conspiração Divina*, p. 135.
129. Isaías 43:1-5.

Diferentemente das outras quatro posturas, a VIDA COM DEUS faz mais do que prometer administrar nossos medos: ela os remove.

Mas se deixarmos de viver com Deus, se optarmos por uma das outras posturas da vida religiosa, nossa visão do mundo permanecerá inalterada. Além de ficarmos perpetuamente presos no ciclo de medo e controle, uma visão inalterada do mundo significa que muitos dos outros elementos da vida cristã também não farão sentido para nós.

Considere o ensino mais conhecido de Jesus, o Sermão do Monte. Nessa mensagem ímpar, Jesus nos disse para não nos irarmos,[130] para renunciarmos a pensamentos lascivos[131] e "não resistam ao perverso. Se alguém o ferir na face direita, ofereça-lhe também a outra".[132] Ele nos chamou para dar livremente a quem pede[133] e amar até mesmo nossos inimigos.[134] Ele alertou sobre o acúmulo de riquezas na Terra[135] e a loucura de se preocupar em ter o suficiente.[136] Apesar da centralidade desses ensinamentos no ministério de Jesus, muitos cristãos os consideram irrealistas.

Exemplo disso: alguns anos atrás, dei uma aula na minha igreja sobre o Sermão do Monte. No primeiro dia, depois de lermos juntos o sermão em voz alta, fiz uma pergunta simples aos trinta adultos da classe:

---

130. Mateus 5:21-22.
131. Mateus 5:27-28.
132. Mateus 5:39.
133. Mateus 5:42.
134. Mateus 5:44.
135. Mateus 6:19.
136. Mateus 6:31.

— Vocês acham que Jesus estava falando sério? Vocês acreditam que ele realmente espera que vivamos da maneira descrita neste sermão? — Com uma demonstração de mãos, quase todo mundo votou "não". Eles não achavam que Jesus estava falando sério. — Por que não? — perguntei.

— Não é possível viver assim — disse uma mulher. — Ninguém pode realmente amar seu inimigo ou dar tão generosamente. Jesus estava exagerando para apresentar seu argumento.

— Não é realista — disse outro homem. — Este mundo vai acabar com alguém que vive assim.

Os comentários continuaram nesse mesmo ponto de vista pelo restante da hora. Palavras como *irrealistas*, *impossíveis* e *tolos* eram frequentemente usadas para descrever os ensinamentos de Jesus. Em geral, a turma acreditava que qualquer um que tentasse viver como Jesus ensinava seria infeliz, porque não conseguiria viver tal vida ou seria tão burro quanto as ovelhas que pularam no penhasco. Em um mundo perigoso, obedecer ao Sermão do Monte era equivalente ao suicídio.

Fiquei impactado com o posicionamento firme desses cristãos (a maioria havia frequentado a igreja por quase toda a vida) ao desconsiderarem os mandamentos de Jesus, mesmo quando ele concluiu o sermão alertando seus ouvintes sobre os perigos de não obedecer a seus ensinamentos.[137] É claro, dada a admiração que tinham por Cristo, a maioria tentou dar alguma interpretação

---

137. Mateus 7:26-27.

alternativa para o Sermão do Monte, na tentativa de não deixar Jesus parecer totalmente desapegado da realidade.

— Jesus estava mostrando como é impossível obedecer aos mandamentos de Deus. Ele não espera que vivamos assim — acrescentou alguém. — Ele estava nos ajudando a ver nossos fracassos e sentir a necessidade da graça de Deus para que pudéssemos pedir perdão a ele.

Por que é tão difícil para os autonomeados cristãos acreditar, quanto mais obedecer, o que Jesus disse? Bem, se eles ainda veem o mundo como um lugar fundamentalmente perigoso, no qual o seu bem-estar está em constante perigo, os mandamentos para amar o inimigo, dar livremente e não se preocupar devem ser descartados, porque são ridículos.

Somente quando vivemos *com* Deus e conhecemos experimentalmente sua bondade e seu amor é que as sombras desaparecem e esses mandamentos começam a fazer sentido. Se estou eternamente seguro aos cuidados de meu Bom Pastor e passo a ver o mundo como um lugar seguro, então fico livre de meus medos. Sou livre para doar em vez de acumular. Sou livre para aproveitar cada dia em lugar de me preocupar. Sou livre para perdoar em vez de retaliar. E sou livre até mesmo para amar aquela pessoa determinada a me prejudicar. Mas tudo começa com a confiança (também conhecida como fé) nos sempre presentes amor e cuidado de Deus por mim.

A razão pela qual muitas igrejas e ministérios cristãos não conseguem ver seus membros obedecendo às instruções de Jesus é porque não estão vivendo a VIDA COM DEUS.

Os ensinamentos e os mandamentos da Bíblia podem ser comunicados de maneira poderosa, clara e frequente, mas, até que as pessoas tenham sua visão do mundo transformada pela vida de comunhão com o Bom Pastor, até que elas saibam que estão *seguras* por experiência própria, serão incapazes de seguir mandamentos contraintuitivos de Cristo.

AS VOZES

Na noite de 27 de janeiro de 1956, Martin Luther King Jr. ouviu duas vozes. A primeira foi ouvida quando um telefonema o acordou no meio da noite. "Escute aqui, crioulo, estamos cansados de você e de sua bagunça. Se você não sair desta cidade em até três dias, vamos explodir sua cabeça e sua casa."[138]

Tomado por medo, o jovem pregador batista não conseguiu dormir naquela noite. Em vez disso, fez um café e sentou-se à mesa da cozinha, segurando a cabeça entre as mãos. Como havia chegado àquele ponto?

Dois meses antes, Rosa Parks, uma costureira de 42 anos, havia embarcado em um ônibus em Montgomery, Alabama. Depois da terceira parada, o ônibus ficou lotado. O motorista, J. F. Blake, notou que um passageiro branco estava de pé e ordenou:

— Todos os crioulos, para trás do ônibus! — Todos obedeceram, exceto Parks. — Você não vai se levantar? — Blake perguntou.

---

[138]. Harvard Sitkoff, *King: Pilgrimage to the Mountaintop* (Nova York: Hill and Wang, 2007), p. 38.

— Não — respondeu Parks. Ela não se mexeu no assento até a polícia chegar e prendê-la. O boicote aos ônibus em Montgomery havia começado.[139]

Os organizadores do boicote buscaram o apoio dos ministros negros da cidade, dos quais o mais novo era King, com apenas 26 anos. Mas King estava relutante em se envolver demais. Quando convidado para uma reunião, ele respondeu: "Dê-me um tempo para pensar. Ligue novamente mais tarde". Por fim ele decidiu participar, mas, como os organizadores já haviam decidido realizar a reunião na igreja de King, ele não teve muita escolha. Esse foi apenas o começo das surpresas.

Na reunião, King foi rapidamente eleito presidente da comissão de boicote. Na verdade, os outros líderes haviam "passado a bola" para o novo garoto na cidade. "Tudo aconteceu muito rápido, eu nem tive tempo de pensar sobre o assunto. Se tivesse refletido teria recusado a nomeação", King relatou.[140]

Em poucos dias, King se tornou o foco dos ataques do Conselho dos Cidadãos Brancos. Cartas de ódio, telefonemas obscenos, ameaças à esposa e à filha recém-nascida vieram rapidamente. "Quase todos os dias alguém me avisava que havia ouvido homens brancos conversando sobre seus planos para se livrarem de mim", ele disse. Então veio o telefonema na noite de 27 de janeiro: "Se você não sair desta cidade em até três dias, vamos explodir sua cabeça e sua casa".[141]

---

139. Sitkoff, *King*, p. 23.
140. Ibid., pp. 28-30.
141. Ibid., p. 38.

King admitiu que ficou "morrendo de medo" e tomado pelo "efeito paralisante" do medo. Tomando seu café, ele pensou em como poderia sair de Montgomery sem parecer um covarde. "Cheguei ao ponto de não aguentar mais. Estava enfraquecido." Ele confessou seu medo a Deus enquanto orava na escuridão de sua cozinha. Foi quando ouviu a segunda voz — uma voz em seu interior.

"Defenda o que é correto. Defenda a justiça. Defenda a verdade. E estarei com você até o fim do mundo." A voz "prometeu que nunca me deixaria, nunca me deixaria sozinho. Não, eu não ficaria sozinho. Nunca sozinho. Ela prometeu nunca me deixar, nunca me deixar sozinho".[142]

King sabia que a voz pertencia a Jesus, e naquele momento seu medo desapareceu. Embora criado em um lar muito religioso, tendo formação teológica e treinamento formal como pastor, naquela noite, em sua cozinha, King experimentou Deus de uma maneira profundamente pessoal e íntima. Pela primeira vez, experimentou a realidade de Deus *com* ele. King disse que a voz o convenceu de que "eu posso me levantar sem medo. Eu posso enfrentar qualquer coisa".

Sua recém-descoberta coragem na incessante presença de Deus seria testada quatro noites depois. Sua esposa e a filha de dois meses estavam em casa enquanto ele conduzia uma manifestação pelo boicote na Primeira Igreja Batista. Quando terminou de falar, um membro da igreja entrou correndo e disse a King: "Explodiram sua casa!".

---

142. Ibid., p. 38.

Quando chegou à casa pastoral, King a viu em chamas e com a fachada destruída. Centenas de cidadãos negros furiosos estavam cercando a casa, e outros vinham de todas as direções. Policiais brancos tentaram manter a ordem, mas a multidão estava armada com facas, bastões, garrafas e armas. King se certificou de que a esposa e a filha não estavam feridas e, em seguida, abriu caminho pela multidão até a varanda em chamas.

King fez sinal para que a multidão se aquietasse. Ele lembrou aos que "vieram para a batalha" que "quem vive pela espada perecerá pela espada". Então, para surpresa dos cidadãos negros furiosos e dos policiais brancos assustados, calmamente disse à multidão: "Eu quero que vocês amem seus inimigos. Sejam bons para com eles. Ame-os e deixe-os saber que vocês os amam... O que estamos fazendo é certo. O que estamos fazendo é justo. E Deus está conosco".

Uma testemunha disse que lágrimas escorriam pelo rosto de muitos. As armas foram postas de lado, e a multidão começou a cantar "Maravilhosa Graça" ["Amazing Grace"]. A esposa de King disse mais tarde: "Essa poderia ter sido a noite mais tenebrosa da história de Montgomery, mas o Espírito de Deus estava em nossos corações".

A imagem do reverendo King de pé nos escombros de sua casa e chamando os cidadãos negros de Montgomery para amar os responsáveis mudou o curso do movimento pelos direitos civis. Ele já havia pregado sobre amor, perdão e pacificidade anteriormente, como disse um historiador: "Mas agora, vendo o conceito em ação... milhões foram tocados, se não convertidos".

A conversão real não aconteceu na varanda em chamas de King, mas quatro noites antes, em sua cozinha tranquila. Ali, com uma xícara de café, seu medo foi substituído pela fé naquele que prometeu estar sempre com ele.

O FERRÃO

Eu sei o que você está pensando. *É uma história bonita, mas, doze anos depois, King foi assassinado. Onde estavam, então, a proteção e a segurança do Bom Pastor?* Essa é uma boa pergunta, que deve ser abordada se quisermos estar convencidos de que a VIDA COM DEUS pode afastar os medos e nos conduzir à fé genuína.

A coragem de Martin Luther King Jr. de deixar o controle de lado, confiar em Jesus Cristo e amar seus inimigos o levou ao seu assassinato quando tinha apenas 39 anos. E não devemos esquecer que Jesus, cuja vida encarnou os ensinamentos "irreais" de seu Sermão do Monte, foi totalmente rejeitado por seu próprio povo e crucificado pelas autoridades que o governavam. Um pouco mais de "olho por olho" e um pouco menos de "dar a outra face" poderia ter evitado esses acontecimentos. Até o momento, a premissa de um mundo mais seguro quando escolhemos a VIDA COM DEUS parece ser bem fraca. Na verdade, a VIDA COM DEUS parece aumentar a dor e acelerar a morte. E quem escolheria isso?

Para que tudo isso faça sentido, precisamos nos lembrar de duas coisas. Primeiro, a postura VIDA COM DEUS é baseada em valorizar Deus acima de tudo (isso foi explorado detalhadamente no capítulo 6). Ela começa com o chamado para amar o Senhor "de todo o seu coração, de toda a sua alma e de todo o seu entendimento".[143] Se prezamos o mundo e uma vida longa e confortável nele, não estamos vivendo *com* Deus. Como o apóstolo Tiago, conhecido por sua linguagem direta, disse: "Quem quer ser amigo do mundo faz-se inimigo de Deus".[144] Portanto, se estivermos buscando Deus como meio de alcançar *status*, favor ou longevidade no mundo, então interpretamos a mensagem de Jesus de maneira totalmente equivocada.

Segundo, devemos entender que a vida daqueles que vivem com Deus nunca acaba. Uma cruz romana ou um tiro de um assassino podem destruir nosso corpo, mas nossa *vida*, nosso verdadeiro eu, está guardada para sempre com Deus em Cristo. Jesus prometeu que aqueles que pertencem a ele nunca morreriam. Eles nunca provariam a morte. É claro, Jesus tinha um entendimento mais amplo da morte do que sendo apenas o fim das funções corporais ou o cessar dos impulsos elétricos no cérebro. A verdadeira morte é a nossa separação do Deus vivo, o Criador e Sustentador de toda a vida, assim como a união com ele é a vida verdadeira.

A vida eterna, então, é uma união sem fim com Deus. Muitas pessoas aceitaram a ideia de que a vida eterna começa quando seu corpo morre e sua vida agora é, portanto, de menor importância — é uma vida temporária, acreditam. Mas, se entendermos que a união com Deus nos é prometida hoje, nesta vida presente, então nossa

---

143. Mateus 22:37.
144. Tiago 4:4.

perspectiva mudará. Se estamos com Deus, a vida eterna começa *agora* e continuará para sempre. A vida que vivemos agora com ele nunca cessará.

Essas duas verdades, valorizar a Deus e a vida eterna com ele, eliminam o medo mais intenso que enfrentamos — o medo da morte. Se aquilo que mais estimamos nunca pode ser tirado de nós, e se o nosso tesouro é a fonte da própria vida, então o que temos a temer? De fato, isso transforma a morte física, nosso maior medo, em um momento de grande antecipação. É por isso que o apóstolo Paulo pôde declarar da prisão: "Para mim o viver é Cristo e o morrer é lucro".[145] E foi por isso que Dietrich Bonhoeffer, pastor e conspirador contra Adolf Hitler, pôde dizer, momentos antes de sua execução pelos nazistas: "Este é o fim, mas para mim é o início da vida".[146]

Paulo, Bonhoeffer, King e inúmeros outros encontraram seu tesouro em Cristo e caminharam em direção à morte sem medo, sabendo que estavam eternamente sob os cuidados do Bom Pastor. "As minhas ovelhas ouvem a minha voz; eu as conheço, e elas me seguem. Eu lhes dou a vida eterna, e elas jamais perecerão; ninguém as poderá arrancar da minha mão."[147]

Jesus não apenas ensinou isso, como também modelou. Antes de ser preso no jardim, Jesus se rendeu completamente ao Pai. Embora soubesse que a tortura e a morte o aguardavam, Jesus orou: "Não seja como eu quero, mas sim como tu queres".[148] Ele se rendeu. Ele abriu mão. Con-

---

145. Filipenses 1:21.
146. Dietrich Bonhoeffer, *Vida Em Comunhão*, 7ª edição (São Leopoldo, RS: Editora Sinodal).
147. João 10:27-28.
148. Mateus 26:39.

fiava que seu pai o pegaria e que não seria abandonado até a morte. Depois de descer ao túmulo, no terceiro dia, ele ressuscitou.

A ressurreição é o meio pelo qual fomos libertos do medo da morte. Como N. T. Wright explicou: "O ponto da ressurreição, apesar de muitos mal-entendidos, é que a morte foi derrotada. Ressurreição não é a reformulação da morte; é a sua queda".[149] Os que se rendem a Deus pela fé em Cristo participam de sua ressurreição. Eles recebem vida sem fim. É por isso que podemos declarar com Paulo: "Onde está, ó morte, a sua vitória? Onde está, ó morte, o seu aguilhão?".[150]

Ao recebermos a ressurreição de Jesus quando antecipamos a nossa, veremos que confiar em Deus é uma coisa perfeitamente razoável de fazer. Ao acreditarmos firmemente em sua promessa de nunca nos nos abandonar, podemos deixar de lado a necessidade de manter um controle vigilante e fútil sobre as nossas circunstâncias. E, enquanto outros lutam de todas as formas por segurança e conforto, podemos descansar na garantia de uma vida eterna. Alguém perguntou ao bispo Lesslie Newbigin se ele estava otimista ou pessimista em relação ao futuro. Ele respondeu com a convicção da fé cristã: "Não sou pessimista nem otimista. Jesus Cristo ressuscitou dos mortos!".[151]

O mundo é um lugar perigoso no qual as pessoas temem não possuir o suficiente. Elas trabalham e lutam

---

149. N. T. Wright, *Surprised by Hope* (Nova York: HarperOne, 2008), p. 50.
150. 1 Coríntios 15:55.
151. Lesslie Newbigin citado em N. T. Wright, *Surprised by Hope*, p. 108.

pelas necessidades mais básicas — pão, água, abrigo. As vidas SOB, SOBRE, DE e PARA DEUS prometem a libertação do medo e do perigo, porém o controle que elas oferecem é uma ilusão eventualmente estilhaçada pela certeza incontrolável da morte. Mas aqueles que vivem com Deus são livres do medo. Ao abrirmos mão do controle, nos rendemos aos seus cuidados sabendo que nosso Bom Pastor caminhará conosco até pela sombra do vale da morte, onde não temeremos o mal, até que habitemos em sua casa para sempre.

DISCUSSÃO EM GRUPO - CONVERSANDO *com* OUTROS

De que maneira você tenta controlar as situações imprevisíveis de sua vida? Você consegue pensar em uma situação em que seu desejo de controle tenha resultado em conflito?

Qual evidência em sua vida confirma que o controle é uma ilusão?

Quais ensinamentos de Jesus você tem medo de seguir? Você consegue identificar de onde vem esse medo?

Reflita sobre as semanas que se passaram. Se você tivesse confiado plenamente que Deus estava com você, o que poderia ter feito de diferente? Quais "riscos" você teria tido coragem de correr?

Como a vida e a morte são redefinidas para aqueles que vivem com Deus? Que significado a ressurreição de Jesus tem para você? Isso realmente influencia como você vive?

8

Vida *com* Esperança

O MAR

Há inúmeras razões pelas quais os turistas são atraídos para o mar, entre elas sua imensa beleza. O mar também é fonte de recreação sem fim: seja na praia, brincando na areia, passeando de barco sobre as águas, pescando e surfando, ou sob as ondas, explorando o mundo desconhecido subaquático.

Mas, apesar da beleza e da felicidade que o mar oferece, ele também é uma fonte inigualável de destruição. Em 26 de dezembro de 2004, por exemplo, foi o responsável por um dos desastres naturais mais mortais da história. Um forte terremoto no mar a oeste de Sumatra provocou um tsunami que atravessou o Oceano Índico. Uma onda de mais de trinta metros de altura varreu a costa de catorze países, matando 230 mil pessoas. Evento semelhante ocorreu em 10 de março de 2011, no Japão. Um terremoto submarino provocou um tsunami que trouxe devastação a um dos países mais avançados tecnologicamente do mundo. Aproximadamente 20 mil pessoas foram listadas como mortas ou desaparecidas.

O enorme poder e a imprevisibilidade do mar são os motivos pelos quais os povos antigos o viam como símbolo do mal. Os habitantes da antiga Israel, que não era um povo marítimo, viam o oceano como um reino de caos, destruição e escuridão. Em vez de considerá-lo um local agradável de recreação, achavam que o mar era um abismo escuro a ser temido. Em sua literatura, incluindo a narrativa bíblica, o mar virou uma metáfora simbolizando as forças do mal e a desordem, que se opunham ao Deus da ordem e da beleza.

A cena de abertura da Bíblia captura esse contraste. No princípio, a Terra é descrita como "sem forma e vazia; trevas cobriam a face do abismo".[152] É um mundo ameaçador e desorganizado. Mas, então, lemos: "O Espírito de Deus se movia sobre a face das águas".[153] O Deus da criação trouxe ordem ao caos primordial. Ele separou o mar da terra, a luz das trevas, o dia da noite. No final do relato da criação, Deus declarou o mundo recém-organizado como "bom". Não era mais um abismo sem forma. Ao invés disso, era bonito e orquestrado pelo seu bom intento.

Essas qualidades foram exemplificadas no jardim, onde ele colocou o homem e a mulher. O Éden era o oposto do mar sem forma. Um jardim tem beleza, recursos abundantes e intencionalidade dados pelo jardineiro que o

---

152. Gênesis 1:2.
153. Ibid.

cultiva.[154] E era intenção de Deus que a humanidade, em parceria com ele, continuasse essa ordenação até que todo o mundo refletisse a perfeição de Éden. Eles deveriam encher a Terra e a subjulgá-la[155], e o homem começou essa tarefa junto com Deus ao nomear as espécies de animais, ou seja, ele as organizou.[156]

Infelizmente, o progresso contínuo da ordem e da beleza foi severamente interrompido quando o homem e a mulher desfizeram sua unidade com Deus. Tendo escolhido governar sem ele, afundaram o mundo novamente no caos. Então, vivemos agora em um universo que não se submete à autoridade da humanidade. Não podemos controlar as forças ao nosso redor, e a imprevisibilidade dos eventos significa que umas férias agradáveis no mar podem rapidamente se transformar em caos quando um tsunami chega à costa. Embora as qualidades do Éden — beleza, ordem e abundância — ainda possam ser vistas ocasionalmente, elas surgem em nosso mundo como os destroços dispersos de um naufrágio. Em vez disso, nossas vidas são governadas pelo medo enquanto lutamos para permanecer acima das ondas de um cosmos aleatório e volátil.

Mas Deus não abandonou seu mundo no caos. A narrativa bíblica nos conta um pouco mais sobre o mar e o poder de Deus sobre ele. A história do dilúvio encontrada em Gênesis 6, que também é contada de diversas formas em outras culturas antigas, narra a destruição do mundo

---

154. Gênesis 2:9.
155. Gênesis 1:28.
156. Gênesis 2:19-20.

pelas águas. Mas o Senhor preservou para si um grupo remanescente do dilúvio. Noé e os outros passageiros em sua arca foram transportados em segurança pelo caos até encontrarem terra firme.

A história de Moisés também mostra o poder soberano de Deus sobre o mar. O faraó ordenou que todos os bebês hebreus fossem jogados no Rio Nilo. Moisés, porém, foi colocado em uma cesta e sobreviveu às águas — uma recontagem da história de Noé em pequena escala. Anos depois, Deus resgatou seu povo da opressão do Faraó através de Moisés. Com o mar de um lado e o exército do Egito amontoado do outro, o Senhor separou as águas e levou seu povo à liberdade até chegarem em terra seca. Então, como na história de Noé, as águas lavaram aqueles que eram comprometidos com o mal. O exército do Faraó não existia mais, enquanto aqueles que andavam com Deus foram preservados durante a travessia pelo mar.

Levando em consideração essas e outras histórias,- vemos que o Antigo Testamento reconhece a natureza imprevisível e caótica do nosso mundo, como vemos nas imagens do mar e da inundação, mas também observamos que elas falam do poder de Deus para nos preservar ao longo do caminho. Essas histórias afirmam que, embora o cosmos pareça aleatório, na verdade, ele permanece sujeito aos propósitos de Deus. Sua história seguirá em frente e não será frustrada pelas forças do mal. Inúmeros salmos, inspirados pela história do êxodo de Israel do Egito, declaram esse fato:

"As águas se levantaram, Senhor, as águas levantaram a voz; as águas levantaram seu bramido. Mais poderoso do que o estrondo das águas impetuosas, mais poderoso do que as ondas do mar é o Senhor nas alturas";[157]

"As águas te viram, ó Deus,
as águas te viram e se contorceram;
até os abismos estremeceram."[158]

E, quando os inimigos do rei Davi o cercaram, ele comparou sua situação ao afogamento no mar. E clamou ao Senhor para resgatá-lo.

"Salva-me, ó Deus!, pois as águas subiram até o meu pescoço. Nas profundezas lamacentas eu me afundo; não tenho onde firmar os pés. Entrei em águas profundas; as correntezas me arrastam...
(...) Tira-me do atoleiro, não me deixes afundar; liberta-me dos que me odeiam e das águas profundas. Não permitas que as correntezas me arrastem nem que as profundezas me engulam, nem que a cova feche sobre mim a sua boca!"[159]

Como no relato de Gênesis sobre a criação, essas histórias e poemas falam de Deus acima das águas. Ele ainda é capaz de trazer ordem ao caos, e aqueles que estão

---
157. Salmos 93:3-4.
158. Salmos 77:16.
159. Salmos 69:1-2; 14-15.

unidos a ele não precisam temer as forças imprevisíveis e poderosas que os cercam.

"Não tema, pois eu o resgatei; eu o chamei pelo nome; você é meu. Quando você atravessar as águas, eu estarei com você; quando você atravessar os rios, eles não o encobrirão."[160]

A imagem da presença de Deus com seu povo no mar revolto pode até ser metafórica na poesia dos Salmos e Isaías, mas se torna vividamente literal no Novo Testamento. Navegando pelo mar da Galileia, os discípulos de Jesus o acordaram quando uma forte tempestade veio contra seu minúsculo barco de pesca. "Mestre, não te importas que morramos?", eles gritaram. Jesus falou ao mar: "Aquiete-se! Acalme-se!", e imediatamente tudo ficou calmo. "Por que vocês estão com tanto medo? Ainda não têm fé?", ele perguntou a seus companheiros apavorados. "Quem é este que até o vento e o mar lhe obedecem?", eles disseram entre si.[161]

Ainda não entendiam totalmente quem estava com eles no barco. Com o tempo, conseguiram ver que foi ele quem separou o mar da terra, que guardou Noé do dilúvio, Moisés do Nilo e liderou os hebreus pelo mar à terra seca. Ele é aquele diante de quem as águas tremem. E, se estiver em nosso barco, não precisamos ter medo. Certamente chegaremos ao nosso destino, porque as forças do mal não

---

160. Isaías 43:1-2.
161. Marcos 4:35-41.

o podem dominar. Com Deus, temos esperança mesmo em um mundo que pareça estar se afogando no caos.

A narrativa bíblica termina com a visão de João de um novo céu e uma nova Terra. Vemos em Apocalipse 21 que na criação renovada "o mar já não existia".[162] Essa observação deve ser lida dentro do contexto bíblico mais amplo. Desde a cena de abertura da Bíblia, o mar foi sinônimo de mal e caos. A total ausência do mar na visão de João significa simplesmente que o mal não terá lugar na nova criação. A beleza, a ordem e a abundância encherão o mundo, como Deus havia almejado desde o princípio.

A ÂNCORA

A esperança é o oposto do desespero. Quando encontramos um universo caótico e aleatório, é fácil cair em desespero acreditando que realmente não há propósito, nenhuma narrativa moldando nosso destino. Podemos gritar junto com o escritor de Eclesiastes: "Que grande inutilidade! Nada faz sentido!".[163] A esperança é a convicção de que, apesar do que possamos ver e experimentar, nada é sem sentido. Há ordem em meio ao caos, há uma história que leva todas as coisas a um ponto culminante.

Mas a esperança é uma ideia que parece ter perdido parte de seu peso. Usamos a palavra de um modo que significa pouco mais que um pensamento desejos "oh, espero que os Cubs cheguem aos *playoffs* este ano", ou é usada

---

162. Apocalipse 21:1.
163. Eclesiastes 1:2.

por candidatos políticos em promessas de campanha que nenhum deles conseguiria cumprir. Mas a esperança é muito mais do que pensamentos desejosos ou otimismo sem fundamento. Biblicamente, a esperança é entendida como uma "âncora da alma, firme e segura".[164] A esperança é o que nos permite manter nosso rumo em mares turbulentos; é a garantia de que o caos que experimentamos neste mundo não vencerá, mas os propósitos de Deus vencerão. Dessa forma, a esperança está inexoravelmente ligada à fé. Na metáfora do trapézio de Nouwen, fé é o ato de rendição quando o acrobata solta a barra. A esperança é o que ele experimenta quando voa pelo ar. É a garantia de que o *catcher* o pegará antes mesmo que ele veja as mãos do *catcher* ou sinta seu aperto. "Ora, a fé é a certeza daquilo que esperamos e a prova das coisas que não vemos."[165]

O entendimento cristão da esperança existe em dois níveis. Primeiro, há o nível superior, a esperança cósmica que vemos de Gênesis ao Apocalipse, na qual Deus erradica o mal e o caos de sua criação e expande a ordem, a beleza e a abundância até os confins da terra. Essa visão mais compreensiva de esperança, como descrita acima, pode ser dividida em quatro partes.

---

164. Hebreus 6:19.
165. Hebreus 11:1.

A.

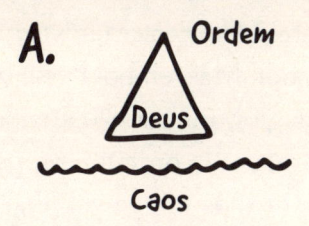

No princípio, Deus criou a ordem a partir do caos.

B.

A humanidade voltou ao caos depois de se rebelar contra Deus.

C.

Deus está presente conosco, dando a nós esperança em meio ao caos do mundo (as histórias de Noé, Moisés e Jesus acalmando a tempestade ilustram bem esse fato).

D.

O mal e o caos são vencidos na nova criação.

Deus e seu povo habitam juntos, e o mar não existe mais. É reconfortante saber que toda a criação está marchando em direção ao dia de libertação e que os eventos aparentemente aleatórios em nossa história servem a um propósito maior. Mas, embora essa história cósmica de esperança seja gloriosa, ela não atende totalmente ao nosso desejo humano de ordem e propósito. E quanto aos pequenos eventos da minha vidinha? Que esperança existe para *mim*? Que significado e propósito podem ser dados àqueles que pelejam nos mares instáveis? Nosso desejo pessoal por significância é onde encontramos o entendimento da esperança no nível inferior. Ele também faz parte da narrativa cósmica, mas tem o seu próprio arco: é a *nossa* história dentro da história maior.

A busca por propósito e significado pessoal é uma das lutas fundamentais para muitos dos estudantes universitários com quem trabalhei. No capítulo 5, retratei como eles costumam ficar obcecados por suas decisões com relação ao período após a graduação. Eles querem que suas vidas sejam significantes e geralmente equiparam seu valor ao impacto que causam. Mas suas lutas também podem ser entendidas como um anseio por propósito. Esses estudantes, assim como todos nós, querem acreditar que suas vidas importam — que os os 80 ou 90 anos que têm pela frente possam contar como algo. Então, fazem o possível para arranjar as circunstâncias e as oportunidades em uma narrativa coerente que forneça um senso de direção e significado. Eles acreditam que a esperança, um senso de propósito em meio ao caos, pode ser encontrada através das construções *externas* que criam.

Embora os estudantes geralmente operem a partir das posturas VIDA PARA, SOB, SOBRE e DE DEUS, todos tendem a reforçar esse pensamento. Cada uma dessas posturas nos diz que a esperança, um senso de ordem e propósito para nossas vidas, é construída externamente de diversas maneiras. A VIDA SOB DEUS promove sua convicção moral em uma cultura que não consegue mais definir certo e errado. Ela afirma que a obediência aos mandamentos divinos é a nossa âncora em tempos voláteis. A VIDA SOBRE DEUS, pelo menos a variedade não ateísta, diz que a esperança é alcançada quando empregamos os princípios de Deus em nossas vidas. Podemos navegar a um porto seguro apenas usando os princípios corretos. A VIDA DE DEUS coloca a esperança no processo de realização pessoal. Nosso propósito é clarificado quando identificamos nossos desejos pessoais e os satisfazemos. A VIDA PARA DEUS nos dá esperança quando dedicamos nossas vidas à realização de um propósito maior do que o nosso próprio "eu". A missão é a âncora que nos dá significado e importância.

Muitas pessoas desenvolvem seu senso de direção e significado a partir de uma ou mais dessas construções externas. *Eu sou importante por causa do que estou alcançando, de como me comporto moralmente ou dos objetivos que me motivam.* Mas é possível a alguma dessas construções suportar as forças do caos em nosso mundo? Podemos construir muros de moralidade, princípios, desejos ou missão para manter o mar sob controle, mas o que acontece com a nossa esperança quando nossas construções desmoronam e o mundo ao nosso redor é varrido? Onde o atleta cuja carreira acaba por causa de uma lesão encontra esperança? Onde o homem de setenta anos que perde toda a sua aposentadoria em um esquema em Wall Street encontra esperança? Onde a mulher, cuja família é separada pelo divórcio, encontra esperança? Onde o ministro, que luta secretamente com um vício, encontra esperança?

Enquanto eu fazia estágio como capelão hospitalar durante o seminário, aprendi que o suicídio era mais comum entre idosos. Para ilustrar o motivo, meu supervisor desenvolveu um exercício prático para mim. Em uma série de cartões, escrevi tudo aquilo que dava sentido à minha vida: relacionamentos, atividades, realizações, trabalho, memórias etc. Os 30 cartões foram colocados sobre a mesa à minha frente, e então o meu supervisor começou a contar uma história imaginária sobre a minha futura velhice. Primeiramente, meu corpo começou a enfraquecer. Os cartões com as atividades físicas que eu gostava foram removidos. O meu trabalho acabou desaparecendo. Relações vitais foram perdidas, minha esposa morreu. À medida que ele continuava contando a história, restavam menos cartões, até mesmo os de lembranças alegres desapareceram quando minha mente ficou enfraquecida. Com apenas alguns cartões sobrando, meu supervisor perguntou:

— Como você se sentiria se isso fosse tudo o que restasse da sua vida?

— Perdido — respondi. — Eu me sentiria perdido. Não sobrou nada. Minha vida não teria sentido nenhum.

— Agora você entende por que o suicídio começa a ser atrativo para os idosos — explicou. O que ele realmente me deu foi um vislumbre do desespero que o caos produz.

A esperança requer um senso de propósito e dignidade — uma crença de que somos importantes e nossa vida tem valor. Mas, em um mundo de caos, essa esperança não pode ser baseada em circunstâncias. Nossa capacidade de controlar e manter as coisas sob controle é muito fraca. Não podemos conter as forças imprevisíveis deste mundo, e colocar nossa esperança em nossa carreira, nossa família, nossa nação ou até mesmo em nossa justiça moral pessoal é flertar com o desastre. Quando tudo isso falha, e deve acabar falhando, o mesmo acontecerá com a nossa esperança. Nosso senso de valor e dignidade é lavado em um dilúvio de desespero.

O HOMEM DE ALCATRAZ

Quando algumas pessoas sentem a fragilidade da esperança, elas recorrem a instituições ou comunidades religiosas em busca de segurança. Além dos militares, essas talvez sejam as comunidades mais hábeis em instilar um senso de ordem e significado ao nosso mundo. Por exemplo, quando ocorre uma tragédia, as pessoas frequentemente recorrem a instituições religiosas para recuperar seu senso de estabilidade e ordem. Isso pode ser verdade até para os nãoreligiosos, como vimos logo após os ataques terroristas do 11 de setembro de 2001 e na devastação deixada pelo furacão Katrina, em agosto de 2005. Após essas tragédias, muitos se voltaram aos líderes religiosos para entender o caos e se engajaram em rituais religiosos para alcançar certo grau de estabilidade em um mundo que parecia ter rompido suas amarras.

A religião oferece certeza. Ela define limites morais, como já seria de esperar, mas muitas religiões também atribuem significado e valor a certas normas sociais sobre família, carreira, gênero e até mesmo a idade. Por exemplo, dentro da subcultura evangélica o casamento e a família assumiram um papel predominante, mesmo com o declínio de sua importância na cultura geral. Em várias igrejas, ter um cônjuge e filhos dá identidade e dignidade a alguém. E, como foi discutido no capítulo 5, muitas comunidades veem uma vida dedicada ao ministério cristão como superior a outras vocações "seculares". Muitas pessoas anseiam ter uma maneira de definir propósito, significado e valor em nosso mundo turbulento, e isso é precisamente o que a religião fornece.

Mas ela também tem um efeito colateral desagradável. A esperança da qual a religião organizada se apropria é frequentemente limitada àqueles que se conformam — ou aos que mais se conformam — com os limites prescritos da fé. Por exemplo, enquanto o casamento e a família são muito celebrados entre os evangélicos, vários de meus amigos solteiros costumam se sentir desvalorizados por uma cultura da igreja que ignora os 50% dos lares nos Estados Unidos que não são compostos por famílias nucleares tradicionais. Ao tentarem oferecer esperança cortando o caos do mundo com definições claras de moralidade, valor e significado, as comunidades religiosas podem criar, sem querer, uma hierarquia que define o valor de uma pessoa. Infelizmente, alguns que entram em uma religião em busca de esperança e significado podem, na verdade, ter estes removidos de suas vidas quando não se encaixarem perfeitamente dentro dos limites erigidos. Nesses casos, a ordem estrita esmaga a esperança em vez de nutri-la.

O filme *O Homem de Alcatraz*, de 1962, narra a história fictícia de Robert Stroud, um prisioneiro rebelde que criava e estudava pássaros em sua cela. Stroud, interpretado por Burt Lancaster, recusava-se a obedecer ao rígido sistema prisional federal, o que resultava em constante conflito com o diretor carcerário, Harvey Shoemaker. Assim como os pássaros feridos que ele restaurava à saúde, Stroud acreditava que os presos precisavam de mais espaço, literal e figurativamente, para serem de fato reabilitados. Simbolicamente, Stroud abriu a janela do trem que o transportava à cadeia para que os prisioneiros, que estavam se sentindo sufocados, pudessem respirar.

Perto do final do filme, Stroud e o diretor, ambos exaustos das três décadas de conflito entre si, têm esta conversa climática:

DIRETOR: Nem uma vez você mostrou qualquer sinal de reabilitação.

STROUD: Reabilitação. Pergunto-me se você sabe o que essa palavra significa. Será que você sabe?

DIRETOR: Não me insulte.

STROUD: O *Dicionário Internacional de Webster* diz que essa palavra vem da raiz latina "habilis". A definição é "investir com dignidade novamente". Você entende que parte de seu trabalho, Harvey, é devolver aos homens a dignidade que uma vez tiveram? Seu único interesse é em como eles se comportam. Você me disse isto há muito tempo, e eu nunca esquecerei: "Você irá se adaptar à forma que achamos que deve se comportar". E você não mudou de ideia nem um pouquinho nestes trinta e cinco anos. Você quer que seus prisioneiros saiam pelos portões como fantoches atados às cordas e carimbados com os seus valores. Com o seu senso de conformidade. Seu senso de comportamento. Até mesmo seu senso de moralidade. É por isso que você é um fracasso, Harvey. Porque você rouba dos prisioneiros o que há de mais importante em suas vidas — sua individualidade.[166]

Esse é o problema de buscar esperança e significado na conformidade externa a uma religião — elas não conseguem nos reabilitar de verdade. Elas não trazem dignidade e significado reais a uma pessoa, a menos que ela esteja perfeitamente alinhada com suas expectativas. Isso pode ajudar a explicar por que um número crescente de pessoas está deixando a igreja institucional ou se sentindo rejeitado dentro dela. Quando suas vidas são marcadas por divórcio, vício, atração pelo mesmo sexo ou alguma outra coisa considerada "impura", a dignidade que tanto anseiam não é retida.

---

166. *O Homem de Alcatraz*, DVD, dirigido por John Frankenheimer (1962; Century City, CA: MGM, 2001).

Todos os dias, durante nove meses, Matt Russell se sentou no Dietrich's Coffee Shop em Houston, Texas, com um laptop, um telefone celular e uma lista de pessoas que haviam deixado a igreja. Ele ligou para todas em sua lista, marcou reuniões e ouviu suas histórias. "Eu fazia perguntas sobre suas percepções, experiências e pensamentos sobre a igreja", relatou Matt. "O que ouvi partiu meu coração e mudou minha vida."[167]

Ele descobriu que a maioria dessas pessoas não havia abandonado a fé ou deixado a igreja por causa de algum problema doutrinário ou por terem mudado de crença. Em vez disso, a maioria lutava contra algo que não podia mais esconder — abuso, vícios sexuais, distúrbios alimentares, jogatina ou qualquer outro problema crônico. As histórias que ele ouviu foram quase sempre as mesmas. Eles foram à igreja, participaram de suas atividades, envolveram-se em um grupo e até confessaram seus pecados. Mas, com o tempo, se sentiram julgados ou inaceitáveis, então partiram. A esperança e dignidade pela qual ansiavam nunca foi alcançada, e, na maioria dos casos, a recuperação também não.

O que os entrevistados de Matt Russell precisavam era de uma forma de esperança que não dependesse de sua moralidade ou de circunstâncias e pudesse restaurar a dignidade que o caos do mundo lhes havia tirado.

---

167. Matt Russell e Angie Ward, *"Can Your Church Handle the Truth?"*, *Leadership Journal*, 13 de julho de 2009. Link: http://www.christianitytoday.com/le/communitylife/discipleship/canyourchurchhandle.html (acessado em 31 maio de 2011).

O PORTO

"Quão radical tenho que ser?", uma mãe de meia-idade perguntou. Recentemente, ela havia lido um livro cristão que criticava a natureza egocêntrica da maior parte da igreja americana. Aparentemente, o autor já havia se cansado da postura VIDA DE DEUS de sua congregação. Então, ele desafiou seus leitores a viver uma vida contracultural de sacrifício e missão. O livro, embora inspirador, deixou essa mulher se sentindo "esgotada".

"Concordo totalmente com a avaliação do livro sobre a igreja. Somos muito egocêntricos. Mas quão radical é suficientemente radical? Devo vender minha casa e meu carro? É errado meus filhos frequentarem escola particular? Preciso me mudar para o exterior e trabalhar com órfãos? Quero realmente viver a vida cristã, mas agora estou pensando que isso não é possível para pessoas do subúrbio."

Muitos de nós acreditamos que a esperança e o significado são uma construção externa — algo contingente às nossas circunstâncias. Como resultado, deixamos de acreditar que a vida cristã, pelo menos em sua forma mais plena e abundante, pode ser vivida em qualquer lugar. Mas, como já vimos, há dois problemas em buscar esperança e significado por meio de construções externas. Primeiro, não importa quão bem orquestremos nossas vidas, não podemos impedir que o mar revolto, o caos imprevisível de nosso mundo, aconteça. Um dia, o que deu definição e significado às nossas vidas será levado junto com nossa esperança. E segundo, recorrer a formas institucionais de religião — os tipos promovidos pela VIDA SOB, DE e PARA DEUS — em busca de um senso de ordem e significado pode funcionar para algumas pessoas por parte do tempo, mas também tende a roubar nossa dignidade quando falhamos em nos conformarmos às expectativas.

Mas VIDA COM DEUS oferece um entendimento diferente da esperança, que não está enraizado em nossas circunstâncias ou na nossa perfeição moral. Ela começa ao nos lembrar de que nosso chamado, nosso senso de propósito e significado, não provém de alguma construção externa. O autor britânico Os Guinness disse: "Antes de tudo, somos chamados a Alguém (Deus), não a algo (como maternidade, política ou ensino) ou a algum lugar (como ao centro da cidade ou à Mongólia Exterior)".[168] Em outras palavras, não são nossas circunstâncias, comportamentos ou decisões radicais que dão sentido e esperança às nossas vidas, mas nossa unidade com o próprio Deus.

O apóstolo Paulo afirmou isso fortemente ao escrever aos cristãos confusos de Corinto. Os coríntios estavam lutando para discernir que tipo de vida mais honrava a Deus — quais condições e circunstâncias davam significado e relevância à vida cristã. Por exemplo, era melhor ser casado ou solteiro? Os homens deveriam ser circuncidados (uma marca importante da identidade religiosa no mundo antigo) ou incircuncisos? E o trabalho — um escravo deveria se preocupar com seu *status* e buscar uma

---

168. Os Guinness, *The Call: Finding and Fulfilling the Central Purpose of Your Life* (Nashville: Thomas Nelson, 1998), p. 31.

posição mais nobre? Respondendo às perguntas deles, Paulo escreveu:

"Entretanto, cada um continue vivendo na condição que o Senhor lhe designou e de acordo com o chamado de Deus. Esta é a minha ordem para todas as igrejas. Foi alguém chamado quando já era circuncidado? Não desfaça a sua circuncisão. Foi alguém chamado sendo incircunciso? Não se circuncide.

[...] Cada um deve permanecer na condição em que foi chamado por Deus. Foi você chamado sendo escravo? Não se incomode com isso. Mas, se você puder conseguir a liberdade, consiga-a. Pois aquele que, sendo escravo, foi chamado pelo Senhor, é liberto e pertence ao Senhor; semelhantemente, aquele que era livre quando foi chamado é escravo de Cristo. Vocês foram comprados por alto preço; não se tornem escravos de homens. Irmãos, cada um deve permanecer diante de Deus na condição em que foi chamado".[169]

Paulo repetidamente instruiu os coríntios a "permanecer" onde se encontravam. Ele disse ser isso o que ensinava em todas as igrejas; era sua mensagem universal. Ele não queria que seus filhos na fé caíssem no engano de que o seu significado dependia de suas circunstâncias. Isso não quer dizer que ele se opunha a mudar o estado civil ou a carreira de alguém, e os escravos que tivessem uma chance de liberdade eram incentivados a tal, mas Paulo

---

169. 1 Coríntios 7:17-18; 20-24.

não queria que eles atribuíssem esperança ou autoestima a essas mudanças. Em vez disso, lhes disse que permanecessem onde quer que estivessem "com Deus". O que traz valor, significado e esperança a uma pessoa não é o que ela *faz*, mas *com quem* ela faz. O chamado para viver em contínua comunhão com Deus significa que a vida de todas as pessoas, por mais mundana que seja, é elevada a alturas sagradas.

Você é casado? Então viva seu casamento com Deus e aprenda a amar seu cônjuge como Deus amou você. Você é solteiro? Então seja solteiro com Deus e se dedique a ele. Você é mecânico? Tenha comunhão com Deus em seu trabalho e conserte carros como um ato de devoção a ele. Você trabalha em um escritório? Receba Cristo em sua mesa enquanto serve seu empregador. Você é dona(o) de casa? Cultive uma vida de oração constante, sempre consciente de que Deus está com você em meio a dias agitados com sua família. Em outras palavras, a plenitude da vida cristã pode ser vivida em qualquer lugar, em qualquer circunstância, porque Deus está conosco. Nenhuma condição da vida é mais honrosa que a outra, porque nada que Deus faça é ausente de valor. Se ele está conosco, casados ou solteiros, na garagem, no escritório ou em casa, então essas vidas tão diversas são significantes. Cada uma delas carrega a mesma dignidade e esperança.

Esse entendimento tem duas implicações. A primeira é que não precisamos revirar nossas vidas e buscar uma existência radical para ter verdadeira intimidade com Deus. Podemos permanecer exatamente onde estamos com ele. Se, no entanto, em nossa comunhão com ele, ele nos chama para uma nova circunstância, como fez com Paulo (Atos 13), somos sábios em seguir sua orientação. Mas a mãe suburbana perplexa com sua vida tudo menos radical não precisa vender casa e carro e se mudar para um orfanato em Madagascar para experimentar a plenitude da presença de Deus. Ele está perfeitamente satisfeito em conhecê-la no contexto de sua vida "comum".

A segunda implicação de encontrarmos nossa esperança em Deus e não em nossas circunstâncias é que, se as circunstâncias externas mudarem repentinamente, talvez até tragicamente, nossa esperança poderá permanecer intacta. Podemos suportar as tempestades da vida, que acontecem sem aviso prévio, sabendo que Deus está sempre conosco. Lembre-se de que, nas narrativas bíblicas do triunfo de Deus sobre o mar, o que trouxe esperança em meio ao caos não foi o que as pessoas *fizeram*, mas sim a presença de Deus *com* elas. Os israelitas não se resgataram do Egito, Deus abriu o mar e os guiou. Sua presença se manifestou diante deles como uma coluna de nuvem durante o dia e de fogo durante a noite. Da mesma forma, a experiência em navegação dos discípulos não os guiou pela tempestade, foi a presença de Jesus no barco com eles que trouxe esperança. É por isso que Paulo desviou a atenção dos coríntios de suas circunstâncias de volta para a comunhão com Deus onde quer que se encontrassem. A esperança não depende do que está acontecendo ao redor do barco. Ela depende de quem está *dentro* do barco.

Não creio que a igreja americana tenha deixado um testemunho melhor de esperança do que o de nossas irmãs e nossos irmãos em Cristo que sofreram com a escravidão. Eles conheciam — melhor que a maioria — o mal, a injustiça e o caos deste mundo. Mas encontraram esperança em saber que Deus estava com eles em seu sofrimento. Embora muitos escravos frequentassem a igreja com seus senhores brancos, qualquer expressão de esperança ou oração pela liberdade era estritamente proibida nesses contextos. Um ex-escravo descreveu: "Eles a chamavam de Igreja, mas a única coisa que aquele pregador ensinava para nós, escravos, era a obedecer a nossos senhores e a não mentir nem roubar. Nunca foi dito algo sobre Jesus, e o superintendente ficava lá para ver se o pregador pregaria como ele queria que pregasse".[170]

Mas o desejo de esperança e comunhão com Deus era forte demais para que os escravos suprimissem. Não era incomum escravos saírem à noite para reuniões secretas em matagais, pântanos ou outras áreas onde dificilmente seriam descobertos pelos seus senhores. Esses lugares eram conhecidos como "portos silenciosos" — eram oásis onde os escravos podiam expressar abertamente a Deus seu desejo de liberdade e receber a segurança de sua presença com eles.

Muitas vezes ajoelhados e falando em voz baixa, os escravos realizavam seu próprio culto completo com sermão e louvor. Peter Randolph, escravo na Virgínia até

---

170. Albert J. Raboteau, *Slave Religion: The "Invisible Institution" in the Antebellum South* (Nova York: Oxford Press, 1978), pp. 213-214.

obter liberdade em 1847, relatou que no porto silencioso "o escravo esquece todos os seus sofrimentos... exclamando: 'Graças a Deus, eu não morarei aqui para sempre!'". Outro escravo disse: "Oramos muito para ser livres, e o Senhor nos ouviu. Não tínhamos hinários, mas o Senhor nos deu nossas próprias canções. Quando cantávamos à noite, sussurrávamos para que ninguém nos ouvisse".[171] Muitas das músicas dos escravos focavam na esperança que fluía da presença de Deus com eles:

> "Ele tem estado conosco, Jesus,
> Ele ainda está conosco, Jesus,
> Ele estará conosco, Jesus
> Sê conosco até o fim".[172]

Os portos silenciosos trouxeram esperança aos escravos, tanto no nível cósmico quanto no individual. No nível superior, os escravos se comparavam frequentemente aos escravos israelitas no Egito aguardando a libertação de Deus. Eles sabiam que a liberdade era o seu destino. "Sei que um dia estaremos livres, e, se morrermos antes desse tempo, nossos filhos viverão para ver esse dia."[173] No nível inferior, muitos dos escravos descobriram que a comunhão com Deus lhes dava paz e dignidade que desafiavam suas circunstâncias. A história de um escravo em Maryland, conhecido como Jacó da Oração, revela essa força.

---

171. Raboteau, *Slave Religion*, pp. 217-218.
172. Ibid., p. 211.
173. Ibid., p. 219.

Além de participar de todas as reuniões secretas que os escravos organizavam, Jacó também cultivava o hábito de orar três vezes por dia. Em intervalos regulares, ele parava de trabalhar, descansava em silêncio e "entrava" em um porto silencioso para se comunicar com Deus. Isso enfureceu seu mestre, um homem cruel e terrível chamado Saunders. Um dia, quando Jacó se ajoelhou no campo para orar, Saunders foi até ele e apontou uma arma para sua cabeça, ordenando que parasse de orar e voltasse ao trabalho.

Jacó terminou sua oração e depois convidou Saunders a apertar o gatilho. "Sua perda será meu ganho", disse ele. "Eu tenho dois mestres: mestre Jesus no céu e mestre Saunders na Terra. Eu tenho uma alma e um corpo; o corpo pertence a você, mas minha alma pertence a Jesus". Saunders ficou tão abalado com a força e a ausência de medo em Jacó que nunca mais pôs a mão sobre ele.[174]

Na maioria dos casos, os escravos do sul dos Estados Unidos eram incapazes de mudar suas circunstâncias. Aqueles que conseguiam obter a liberdade, legalmente ou não, aproveitavam a oportunidade. Mas, para o restante, a esperança e a dignidade não estavam fora de alcance. Eles encontraram ambas em sua VIDA COM DEUS.

Muitos de nós temos muito mais controle sobre as circunstâncias de nossas vidas do que aqueles escravos, mas, como eles, também precisamos de portos silenciosos para incubar nossa esperança. Precisamos de momentos para fugir do caos do mundo a fim de nos reconectarmos com a narrativa superior de Deus, que promete esperança para toda

---

174. Ibid., 306.

criação. Essa é uma das razões pelas quais os cristãos se reúnem semanalmente para o culto. Nessas reuniões, recalibramos nossa vida conforme a história de Deus nas Escrituras. Ajustamos nossa história de acordo com o seu contexto e lembramos onde podemos encontrar esperança. Em nossas músicas e na comunhão, encorajamos uns aos outros com a lembrança de que "graças a Deus não viveremos aqui sempre!"

Mas, assim como o Jacó da Oração, também precisamos fazer uma pausa regular a cada dia. Precisamos encontrar portos pacíficos de silêncio a fim de orar e ter comunhão com Deus para não sermos dominados pelo caos ao nosso redor. Nesses momentos de paz, lembramos que Deus realmente está conosco, pertencemos a ele e ele permanecerá conosco enquanto passamos pelas águas.

DISCUSSÃO EM GRUPO – CONVERSANDO *com* OUTROS

Como o mundo se mostra fora de controle atualmente? Como sua vida é afetada quando você sente que perdeu o controle? Em que situações você vê as pessoas correndo atrás de esperança?

Você consegue identificar um momento em que colocou sua esperança em algo ou alguém que o decepcionou? Que tipo de esperança você coloca na religião ou na sua igreja?

Quais realizações pessoais trouxeram um senso de propósito para sua vida? Se você perdesse todas essas realizações, como se sentiria?

Qual é o seu "porto silencioso"?

9

Vida *com* Amor

A PRISÃO

A notória prisão de La Mesa, em Tijuana, contém 6 mil dos piores criminosos do México. Os traficantes de drogas e assassinos se exasperam em fúria atrás de grades e cercas, mas quando a figura minúscula de uma freira de oitenta anos aparece, os homens são transformados. "Mamá, mamá!", eles gritam, estendendo as mãos pela cerca para tocá-la. Alguns choram ao ver a matriarca conhecida como Madre Antônia. "Como vão, meus filhos?", ela pergunta. Ela irá passar a tarde orando com eles, aconselhando-os a pedir perdão às vítimas e se certificando de que recebam medicamentos e água limpa. E, no final do dia, Madre Antônia não sai da prisão. Ela retorna à pequena cela perto de seus "filhos" onde morou por mais de trinta anos. "Madre Antônia traz esperança para homens e mulheres daqui", disse o diretor, Francisco Jiminez. "E eles encontram esperança. Ela espalha o amor de Deus."[175]

Antes de entrar em La Mesa em 1977, Madre Antônia se chamava Mary Brenner Clarke, uma socialite loira de Beverly Hills, casada duas vezes, divorciada duas vezes e mãe de sete filhos. Mas, aos 44 anos, a vida de Mary foi transformada. Sua profunda comunhão com Deus resultou em uma compaixão inabalável por pobres e feridos. Quando seus filhos cresceram, ela ouviu o chamado de Deus para servir os prisioneiros esquecidos de Tijuana. Vendeu seus pertences e cruzou a fronteira para residir em La Mesa. O filho mais velho de Mary não ficou surpreso com sua mudança. "O maior presente que meus irmãos e eu tivemos foi ter tido nossa mãe durante nossa criação, como se ela tivesse sido emprestada por Deus", disse ele. "Agora ela está cuidando do resto do mundo."[176]

Além de aconselhar os presos, Madre Antônia se tornou um elo entre os guardas e os prisioneiros. Ela defendeu a paz, o tratamento mais humano dos detentos, alcançou as famílias dos presos, assim como as dos guardas. Os mais vulneráveis entre a população carcerária — travestis e idosos — se tornaram particularmente próximos dela. Um preso disse que Madre Antônia é "a pessoa mais importante aqui".[177]

---

175. Johnny Dodd, *"From Beverly Hills to Mexican Jail"*, *People* 63, nº 20 (23 de maio de 2005). Link: http://www.people.com/people/archive/article/0,,20147637,00.html (acessado em 31 de maio de 2011).
176. Ibid.
177. Ibid.

Apesar da notável transformação da prisão desde que Madre Antônia a tornou sua residência, La Mesa permaneceu sendo um lugar muito perigoso. Em setembro de 2008, um motim eclodiu na prisão quando ela estava fora. A senhora de 82 anos chegou a La Mesa à noite, encontrando a prisão sem luz e cercada por soldados tentando conter a violência. Os prisioneiros fizeram reféns, incêndios foram iniciados, e, como uma testemunha comentou, "as balas estavam voando por toda parte".

Madre Antônia se aproximou da polícia do lado de fora da prisão. "Deixe-me entrar", ela implorou. "Sei que posso fazer algo para parar a violência." As autoridades recusaram, temendo por sua segurança. "Eu não tenho medo", respondeu ela. "Quando você ama, não tem nada a temer. O amor lança fora o medo, a Bíblia nos diz, e eu amo os homens que estão lá... Eu posso entrar nas celas e ver os homens, orar por eles e lhes trazer esperança... Isso não significa que estou de acordo com o que eles estão fazendo. Isso não significa que não vou mostrar a eles o que estão fazendo errado e tentar acalmar a situação. Isso simplesmente não me impede de amá-los."

Eles a deixaram entrar. Madre Antônia entrou na escuridão e encontrou um preso chamado Blackie. Ela caiu de joelhos e implorou para que ele encerrasse o motim.

— Não é certo que vocês fiquem aqui com fome e sede — disse ela. — Podemos cuidar dessas coisas, mas esse não é o caminho. Eu vou ajudar a melhorar tudo isso. Mas primeiro vocês têm que me dar suas armas. Imploro para que abaixem suas armas.

— Mãe — respondeu Blackie. — Assim que ouvimos sua voz jogamos as armas pela janela.

Dos pequenos atos de bondade à arbitração do fim pacífico de um motim, a presença de Madre Antônia transformou La Mesa. Sam Thompson, ministro da Comunidade da Vida Cristã em Orange, Califórnia, disse: "Ela é um presente de amor ambulante".[178]

A CHUVA

Nos capítulos 7 e 8, exploramos como a postura VIDA COM Deus rompe o ciclo de medo e controle que atormenta as outras quatro posturas da vida religiosa. Uma vez interrompido esse ciclo, a fé genuína (rendição) e a esperança (propósito) se tornam acessíveis a nós. Mas a fé e a esperança não são as únicas qualidades, nem as maiores, a serem cultivadas quando vivemos com Deus.

Quando perguntaram a detentos, agentes penitenciários e outros sobre sua experiência com Madre Antônia, todos usaram uma palavra repetidamente: *amor*. É a característica que marcou sua vida mais do que qualquer outra. Essa também é a característica que Jesus disse que distinguiria seu povo: "Com isso todos saberão que vocês são meus discípulos se vocês se amarem uns aos outros".[179] Mas como será que nossa vida pode começar a ser guiada pelo amor — uma disposição genuína para desejar o que é bom para nossos inimigos e nossos vizinhos? De onde vem o amor como o de Madre Antônia? Como descobrimos

---
178. Ibid.
179. João 13:35.

o amor que leva uma socialite de Beverly Hills a virar a matriarca de uma prisão em Tijuana? De onde vem o amor que motiva uma senhora de 82 anos a entrar no meio de um motim carcerário? Onde encontramos um amor que não tem medo, não controla nem busca satisfação pessoal?

Se considerarmos o aparente reservatório sem fundo de amor de Madre Antônia, não devemos nos surpreender com o fato de que todos os seus dias começavam às cinco da manhã com uma hora de oração e leitura das Escrituras. A Bíblia iluminou sua visão de Deus, afastando as sombras do mundo que procuram esconder e distorcer nossa visão. E no silêncio ela se comunicava intimamente com ele. Foi esse tempo reservado ao silêncio e à solitude que encheu seu reservatório de amor.

Teresa de Ávila, uma cristã do século XVI, ensinou extensivamente sobre a vida interior da oração e da comunhão com Deus. Ela comparou esta vida ao regar de um jardim. Sem oração, nossa capacidade de amar irá murchar e morrer. Mas nem toda oração nutre nossa alma da mesma maneira, assim como nem todas as formas de regar um jardim são igualmente eficazes. Teresa disse que a "primeira água" da oração é semelhante a tirar água do poço com um balde: nós gastamos uma grande quantidade de energia e resulta em pouco impacto. Esse tipo de oração enfatiza nosso trabalho, nossas palavras e nossos esforços. Ao invés de nos sentirmos renovados, nos sentimos exaustos e nos perguntamos se a oração vale o esforço. Aqueles que permanecem nesse estágio geralmente desistem completamente da oração.

A "segunda água" da oração é como prender uma corda e uma polia ao balde: o foco da oração ainda está em nosso esforço, mas o trabalho se torna um pouco mais fácil à medida que começamos a abrir mão do controle. Em vez de preencher cada momento com palavras e pensamentos, começamos a desacelerar e experimentar momentos de silêncio refrescante. A "terceira água" descrita por Teresa leva a oração um passo adiante. Em vez de regar manualmente o nosso jardim, um balde por vez, essa forma de oração é como um riacho que irriga o campo. Ficamos menos apressados e encontramos descanso enquanto o fluxo da água faz o trabalho. Períodos de silêncio se tornam mais comuns em nossas orações quando nos entregamos a Deus e buscamos apenas sua presença em lugar de buscar algum resultado específico.

Finalmente, Teresa comparou a "quarta água" à chuva. É uma rendição total e uma união com Deus, na qual somos receptores passivos de Sua graça. É esse tipo de oração que rega com mais eficácia nossos jardins e satura nossas vidas com a consciência de seu amor. Henri Nouwen viu esse tipo de oração como o início do ministério cristão — a maneira como nosso reservatório se enche de amor para que possamos ser equipados a amar outros.

"Por que é tão importante que você esteja com Deus e somente com Deus...? É importante porque é o lugar em que você pode ouvir a voz daquele que te chama de amado. Orar é ouvir Aquele que te chama de 'minha filha amada', "meu filho amado", "minha criança amada". Orar é deixar que essa voz fale ao centro do seu ser, às suas entranhas, e permitir que ela ressoe em todo o seu ser."[180]

Sem o silêncio e a solitude com Deus, afirma Nouwen, continuamos não convencidos de nosso valor. Em vez disso, viveremos todos os dias lutando por afirmação, elogios e sucesso. No lugar de sermos livres para amar os outros, estaremos procurando incessantemente provar nosso próprio valor. Trabalharemos para regar nossos jardins retirando baldes dos poços vazios do mundo. No final, isso levará não ao amor, mas a uma existência seca e cansada.

No capítulo 6, vimos o que diferencia a VIDA COM DEUS das outras posturas. Ela começa, se você se lembra, com Deus sendo nosso tesouro em vez de simplesmente o usarmos. Quando Deus se revela claramente, bem como sua beleza e sua bondade, ele se torna, então, o objeto de nosso desejo, e não o meio para alcançar algum objetivo inferior. Mas, no silêncio e na solitude, descobrimos algo mais: Deus também se deleita em nós. Descobrimos que somos seus filhos amados e que sua alegria não está contida em nos usar ou nos controlar como instrumentos de sua vontade, mas sim como objetos de seu amor.

---

180. Henri Nouwen, *"From Solitude to Community to Ministry"*, *Leadership Journal*, Primavera de 1995. Link: https://www.christianitytoday.com/pastors/1995/spring/5l280.html (acessado em 31 de maio de 2011). Usado com permissão.

"O Senhor, o seu Deus, está em seu meio,
poderoso para salvar.
Ele se regozijará em você;
com o seu amor a renovará,
ele se regozijará em você com brados de alegria."[181]

Assim, a postura VIDA COM DEUS começa e termina com amor. O amor de Deus nos instiga a termos a ele como nosso tesouro, e nessa condição descobrimos a feliz verdade de que também somos seu tesouro. O amor é o começo e o fim, a origem e o ponto culminante de nosso relacionamento com Deus. E, ao longo do caminho, ele provoca admiração, ilumina descobertas e incendeia alegria.

Ao estudar o desenvolvimento espiritual das crianças, Jerome Berryman esboçou um padrão simples, mas perspicaz, que acredito poder ser empregado igualmente bem aos adultos. Quando em espaços tranquilos e contemplativos, as crianças costumam relatar uma sensação da presença de Deus com elas. Isso resultou na primeira exclamação de Berryman: "*ahh*!" — um sentimento de admiração e temor. "Esse suspiro", ele disse, "sugere a presença do mistério nutritivo que alimenta e nos enche de temor."[182]

À medida que nossa mente, com sua capacidade cognitiva, entra no nível da experiência, há uma segunda exclamação: "*aha*!" — a descoberta. Chegamos a reconhecer

---

181. Sofonias 3:17.
182. Jerome W. Berryman, *Godly Play: An Imaginative Approach to Religious Education* (San Francisco: Harper, 1991), p. 150.

Deus mais amplamente e, com ele, descobrimos novas verdades sobre nós mesmos e o mundo ao nosso redor.

Essas descobertas resultam em gozo — a exclamação de "*haha!*". Nossa visão sombria e assustadora do mundo é substituída por uma alegria além da compreensão. Finalmente, esse ciclo de temor, descoberta e alegria nos leva de volta a uma postura de antecipação e silêncio, para que possamos estar com Deus mais uma vez.

Eu acho que esse ciclo — ou alguma variação dele — é o que Madre Antônia, Teresa de Ávila e Henri Nouwen experimentaram como resultado de sua comunhão silenciosa com Deus. Cada um deles descobriu o deleite de Deus — seu pronunciamento gracioso de que eles eram seus filhos amados. Isso, por sua vez, transformou a maneira como se viam e viam a outros e gerou alegria mesmo na escuridão de uma cela em uma prisão mexicana. A VIDA COM DEUS, em silêncio e solitude com ele, é o que enche o tanque da máquina do amor dentro de nós — amor que é corajoso, generoso e interminável.

Quando eu compartilho essa verdade simples com outras pessoas, sempre fico surpreso com a frequência com que sinto resistência. Algumas pessoas acreditam que antes de receber a presença amorosa de Deus devem "limpar suas vidas" de alguma maneira. Um jovem chegou a me dizer que ainda estava envolvido em uma prática imoral para poder "liberar Deus".

— Como assim? — perguntei.

— O que acontece se eu fizer o que é certo e ainda não sentir o amor de Deus? E se ele mesmo assim não me abençoar? Isso iria significar que existe alguma coisa errada com *ele,* e não apenas comigo. Mas se eu continuar pecando, Deus não precisa mais me amar.

— Então parte do motivo pelo qual você peca é para proteger a imagem que você tem de Deus? — perguntei.

— Acho que sim — ele respondeu. — Eu sei que é meio doido, mas prefiro ser um pecador não amado do que lidar com a possibilidade de Deus não existir.

O que esse jovem não conseguiu entender é que, mesmo em nossos momentos menos amáveis, em nossa rebelião e nosso pecado, o desejo de Deus ainda é se aproximar de nós e nos cobrir com seu amor. Afinal, é ele quem "faz raiar o seu sol sobre maus e bons e derrama chuva sobre justos e injustos".[183] Mesmo depois de destacar os terríveis males cometidos pelos líderes e pelo povo de Jerusalém, Jesus declarou: "Jerusalém, Jerusalém, você, que mata os profetas e apedreja os que são enviados a você! Quantas vezes eu quis reunir os seus filhos, como a galinha reúne os seus pintinhos debaixo das suas asas, mas vocês não quiseram!".[184] Tal é o amor implacável de Deus. Seu desejo por nós não muda nem quando estamos imersos no pecado. Não é Deus quem nos rejeita, mas nós que resistimos a ele.

Quando experimentamos a chuva imerecida do amor de Deus, contudo, ela nos liberta da luta pelo amor que escraviza a tantos. Isso nos permite ignorar as vozes do mundo nos dizendo para buscar o poder, o sucesso, a

---

183. Mateus 5:45.
184. Lucas 13:34.

beleza e a relevância. Podemos deixar essas vozes de lado com a certeza de que já somos amados incondicionalmente. Nouwen continuou:

"Se você tiver isso em mente, poderá lidar com uma enorme quantidade de sucessos e uma enorme quantidade de fracassos sem perder sua identidade, porque sua identidade é que você é amado por ele. Muito antes de seu pai e sua mãe, seus irmãos e irmãs, seus professores, sua igreja ou qualquer pessoa tocar em você com amor ou causando dor — muito antes de você ser rejeitado por uma pessoa ou elogiado por outra –, essa voz sempre esteve lá. 'Eu te amei com um amor eterno.' Esse amor existe antes de você ter nascido e estará presente depois que você morrer".[185]

O MAIOR

1 Coríntios 13 é frequentemente chamado de "o capítulo do amor" do Novo Testamento. As observações do apóstolo Paulo sobre o amor ser paciente e gentil, que tudo espera e tudo sofre, parece se encaixar muito bem com os votos que os noivos fazem um ao outro no dia de seu casamento. Mas o efeito colateral não intencional de vincular esse texto tão intimamente ao casamento é que geralmente vemos 1 Coríntios 13 pelas lentes do entendimento moderno, ocidental e romântico do amor. Embora as palavras de Paulo certamente tenham aplicação no casamento, ele não as escreveu originalmente nesse contexto.

---

185. Nouwen, *"Moving from Solitude"*.

O capítulo do amor é o ápice no final da discussão de Paulo sobre os papéis e os dons dentro da comunidade da igreja. Os coríntios estavam debatendo quais dos dons espirituais eram os mais importantes. Paulo falou sobre a capacidade de ensinar, liderar, curar, encorajar e discernir, entre outros (1 Coríntios 12). Embora reconhecesse que Deus dotou pessoas com habilidades diferentes, ele desmentiu a crença dos coríntios de que isso tornava algumas pessoas mais preciosas que outras. E, depois de desdobrar seus ensinamentos sobre dons e unidade, Paulo finalmente faz a transição com: "Passo agora a mostrar a vocês um caminho ainda mais excelente".[186] Esse caminho mais excelente é o amor.

"Ainda que eu fale as línguas dos homens e dos anjos, se não tiver amor, serei como o sino que ressoa ou como o prato que retine. Ainda que eu tenha o dom de profecia, saiba todos os mistérios e todo o conhecimento e tenha uma fé capaz de mover montanhas, se não tiver amor, nada serei. Ainda que eu dê aos pobres tudo o que possuo e entregue o meu corpo para ser queimado, se não tiver amor, nada disso me valerá."[187]

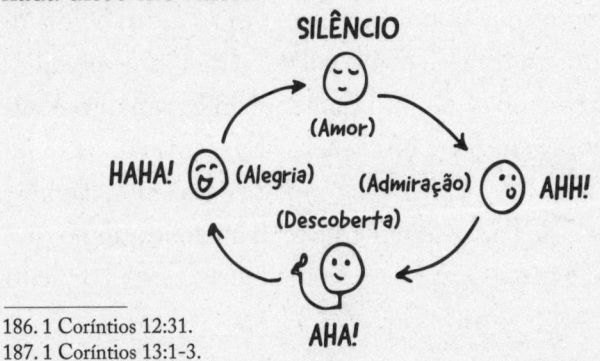

SILÊNCIO (Amor) → AHH! (Admiração) → AHA! (Descoberta) → HAHA! (Alegria) →

---
186. 1 Coríntios 12:31.
187. 1 Coríntios 13:1-3.

Nesses breves versos, Paulo desconstruiu muito daquilo em que edificamos nossas vidas. Primeiro ele foi atrás da VIDA DE DEUS. Ele disse que receber dons milagrosos de Deus, a capacidade de falar as línguas dos homens e dos anjos não é nada sem o amor. Em seguida, focou a VIDA SOBRE DEUS. A capacidade de entender mistérios e possuir conhecimento também não pode corresponder à importância do amor. Então, ele enfrentou a VIDA SOB DEUS na forma de fé para mover montanhas. Finalmente, dispensou até nosso serviço a Deus representado por nossa doação pessoal. Nada disso pode nos beneficiar sem o amor.

Como Paulo pôde dizer que o amor é maior que dons, conhecimento, fé e serviço? Porque "o amor nunca perece".[188] As qualidades nas quais a VIDA SOB, SOBRE, DE e PARA DEUS se baseiam são temporárias. O medo e o controle, que já foram descritos como ilusões, não perdurarão. Um dia eles serão desfeitos à medida que Deus prossegue em restaurar sua criação à sua bondade original. Mas, na ordem renovada, mesmo as admiráveis qualidades de fé e esperança cessarão. Portanto, construir nosso relacionamento com Deus sobre qualquer uma dessas coisas, como sugerem as outras quatro posturas, levará a um grande desapontamento, porque elas não durarão.

Considere a fé, que certamente é uma boa qualidade. Como argumentei no capítulo 7, fé é a coragem de renunciar ao controle. Mas essa qualidade só é admirável e necessária em um mundo ameaçador, no qual a rendição do

---

188. 1 Coríntios 13:8.

controle é difícil e em que nossa visão da bondade de Deus é muitas vezes obscurecida. Mas chegará o dia em que todos os perigos serão desarmados e a bondade e a glória de Deus cobrirão a Terra. Então, para que precisaremos de fé? O escritor de Hebreus disse: "A fé é a certeza daquilo que esperamos e a prova das coisas que não vemos".[189] Mas as coisas não permanecerão invisíveis para sempre, e, quando a grande revelação acontecer, a fé será cumprida.

O mesmo pode ser dito sobre a esperança. O caos e a desordem que parecem governar este mundo não durarão. Como visto no capítulo 8, na era vindoura o mar não existirá mais, os propósitos de Deus serão cumpridos e nossa esperança será contemplada. Portanto, a esperança também não será mais necessária.

Se voltarmos à analogia do trapézio de Nouwen, podemos ver a natureza transitória da fé e da esperança. A *fé* é a coragem de soltar o trapézio confiando que o *catcher* nos resgatará. A *esperança* é a paz e a segurança que experimentamos enquanto voamos sem restrições pelo ar sabendo que o *catcher* não nos deixará cair. Mas, uma vez que somos apanhados, uma vez que estamos seguros e totalmente ao seu alcance, a fé e a esperança desaparecem. Tudo o que resta é o amor entre o *catcher* e o trapezista.

"O amor nunca perece; mas as profecias desaparecerão, as línguas cessarão, o conhecimento passará. Pois em parte conhecemos e em parte profetizamos; quando,

---

189. Hebreus 11:1.

porém, vier o que é perfeito, o que é imperfeito desaparecerá."[190]

O discurso de Paulo sobre o amor é o último prego no caixão da VIDA SOB, SOBRE, DE e PARA DEUS. Essas posturas comuns, que são aceitas por muitos e defendidas por comunidades e ministérios religiosos, são temporárias, na melhor das hipóteses. Construir nossa conexão com Deus sobre a moralidade, o conhecimento, os dons ou o serviço faz pouco sentido à luz da eternidade, quando tudo isso passar. Mesmo a missão de Deus, pela qual muitos na igreja dedicam suas vidas, não durará para sempre. O que perdurará é a nossa comunhão *com* ele e o amor que nos une. "Assim, permanecem agora estes três: a fé, a esperança e o amor. O maior deles, porém, é o amor."[191]

A PEDRA

Ao longo deste livro, procuramos uma maneira de nos relacionar com Deus que traga vida e liberdade. Todos começamos essa jornada de um ponto de partida comum — nossa experiência em um mundo após o Éden, um mundo marcado pelo medo. Desde o início, examinamos caminhos divergentes (ilustrados pela montanha invertida), que se ajustam a cinco posturas diferentes. Cada uma promete nos libertar do medo e restaurar o propósito, a abundância e a beleza às nossas vidas e ao nosso mundo, mas vimos como quatro dessas posturas falham

---
190. 1 Coríntios 13:8-10.
191. 1 Coríntios 13:13.

em cumprir suas promessas. Somente a VIDA COM DEUS o vê como nosso desejo verdadeiro, e não como um artifício. Somente uma vida passada em comunhão com ele pode nos levar à fé, à esperança e ao amor.

Mas, ao percorrermos cada caminho, não estamos simplesmente procurando uma maneira de nos relacionar com Deus, também estamos tentando nos encontrar. A forma como entendemos Deus e seu cosmos, em última análise, informa como entendemos a nossa própria identidade.

Sou um pecador — um ser desprezível vivendo sob a ameaça constante da ira e do castigo de Deus e devo apaziguar essa vontade vivendo uma vida de estrita obediência aos seus mandamentos morais e rituais (VIDA SOB DEUS)?

Sou um gerente — um ser autônomo a quem foi dado um manual divino de como operar minha vida e meu mundo, e cujo destino, em última análise, dependerá de quão bem eu implemento os princípios e as instruções de Deus (VIDA SOBRE DEUS)?

Sou um consumidor — um ser descontente com a vida composta por desejos e anseios não satisfeitos, que exige que todas as coisas, pessoas e até mesmo Deus orbitem ao meu redor e cumpram minhas expectativas (VIDA DE DEUS)?

Sou um servo — um trabalhador criado para cumprir uma grande missão cujo senso de valor está inexoravelmente ligado ao que eu sou capaz de fazer e à magnitude do meu impacto no mundo (VIDA PARA DEUS)?

Em vários momentos e lugares diferentes, todas essas identidades já foram realidades pessoais minhas. Eu sou um pecador que viveu egoisticamente, desprezando Deus e aos outros. Sou um gerente que precisa administrar recursos e habilidades com sabedoria e discernimento. Sou um consumidor com necessidades e desejos que só podem ser satisfeitos por Deus e por outros. E sou um servo chamado por Deus para fazer muitas coisas neste mundo para sua glória. Desconectadas da VIDA COM DEUS, cada uma dessas posturas pode levar a um entendimento perigosamente defeituoso do cristianismo, sem mencionar uma percepção distorcida de Deus e de mim mesmo. Mas, mesmo quando ligada a uma forte comunhão com Deus, nenhuma dessas identidades engloba quem eu sou inteiramente.

Uma das deficiências que vemos em todas essas quatro posturas é a incapacidade de apresentar uma visão precisa de Deus. Cada uma delas pode revelar alguma parte de seu caráter, mas a plenitude de quem ele é permanece escondida atrás de uma sombra. O mesmo vale para nossas identidades. As identidades prescritas pela VIDA SOB, SOBRE, DE e PARA DEUS não podem capturar o âmago, a essência de quem eu sou. Sou mais do que um pecador, um gerente, um consumidor e um servo. Cada uma pode expressar uma parte da verdade, mas nenhuma reflete a plenitude da minha identidade.

Em 1 Coríntios 13, o "capítulo do amor" explorado anteriormente, Paulo declarou: "Vemos apenas um reflexo obscuro". Estamos tentando descobrir quem realmente somos, porém não podemos ver com precisão em um mundo de sombras e distorção. Mas o dia está chegando, continuou ele, quando veremos "face a face. Agora conheço em parte; então, conhecerei plenamente, da mesma forma com que sou plenamente conhecido".[192] Tudo o que bloqueou e distorceu nossa visão de Deus neste mundo irá desaparecer. Nós o conheceremos tão plenamente quanto ele nos conhece; e nesse momento também descobriremos quem realmente somos.

O apóstolo João capturou esse momento em Apocalipse 2. Falando ao seu povo, que estava em dificuldade e sendo perseguido, Jesus prometeu lhes dar "uma pedra branca com um novo nome nela inscrito, conhecido apenas por aquele que o recebe".[193] O significado dessa pedra e do novo nome está enraizado em um simbolismo antigo. Nos dias de João, era costume usar pequenas tábuas, geralmente feitas de madeira, pedra ou metal, como garantia de admissão. Parece que Jesus estava oferecendo aos que venceram um "ingresso" à sua presença e ao seu banquete celestial.[194]

Mas e o novo nome? Hoje, a maioria dos nomes é escolhida com base na preferência dos pais ou por sua popularidade. Mas, no mundo antigo, acreditava-se que o nome de uma pessoa abrigava a essência de sua identidade. George MacDonald, em seu sermão "O Novo Nome" no *Unspoken Sermons* (*Sermões não pronunciados*, tradução livre), explicou esse entendimento mais rico: "O nome verdadeiro é aquele que expressa o caráter, a natureza, o significado da pessoa que o carrega. É o próprio

---

192. 1 Coríntios 13:12.
193. Apocalipse 2:17.
194. Robert H. Mounce, *What Are We Waiting For? A Commentary on Revelation* (Eugene: Wipf and Stock, 1992), p. 10.

símbolo do homem — a imagem de sua alma em uma palavra — o sinal que pertence a ele e a mais ninguém. Quem pode oferecer ao homem sua verdadeira natureza? Somente Deus. Pois ninguém, exceto Deus, vê o que é um homem".[195]

Nossos momentos nesta vida de comunhão silenciosa com Deus, os momentos de solitude em que sentimos sua presença e seu amor serão uma lembrança que se esvai à medida que as sombras fogem e o vemos face a face. Nesse momento, iremos possuir o nosso tesouro por completo, mas também iremos possuir algo a mais. Ele dará a cada um de nós nossa verdadeira identidade. Também descobriremos quem realmente somos; quem ele nos criou para ser. MacDonald entendeu que junto com esse presente está a afirmação de nosso Deus do que ouvimos em silêncio, e então ouviremos em voz alta. "Dizer o nome é selar o sucesso — é dizer: 'Em ti também estou satisfeito'."[196] Com nossos novos nomes, Cristo também nos dará sua afirmação e seu amor.

Nossa identidade não é algo que possa ser totalmente revelado nesta era, nem é uma busca que possamos concluir sozinhos. A identidade é algo que somente nosso Criador pode nos conceder. À medida que navegamos por esta vida, podemos vislumbrar quem somos — pecador, servo, gerente ou consumidor –, mas essas são apenas imagens quebradas em um reflexo obscuro. Nosso verdadeiro "eu" não pode ser

---

195. George MacDonald, *Unspoken Sermons* (Nova York: Cosimo Classics, 2007), p. 55.
196. MacDonald, *Unspoken Sermons*, p. 57.

descoberto vivendo *sob, sobre, de* ou *para* Deus. É algo que só será revelado quando estivermos totalmente *com* Deus.

Há outro detalhe intrigante sobre a pedra branca. Jesus disse que ninguém mais saberia o nome escrito nela. É um conhecimento secreto, entendido apenas por quem o recebe e por quem o concede. Quem eu realmente sou, meu verdadeiro eu, minha identidade mais íntima é algo que só será compartilhado entre mim e meu Criador. Só consigo compará-lo ao conhecimento secreto compartilhado entre marido e mulher na intimidade amorosa do casamento — o tipo de conhecimento que pode ser comunicado mesmo em uma sala cheia, de forma intuitiva e sem palavras. Creio que isto é o que Paulo quis dizer com "conhecerei plenamente, da mesma forma como sou plenamente conhecido". O amor recíproco entre cada pessoa e Deus será tão penetrante e amplo que nada ficará oculto à sua vista.

Essa realidade cria um paradoxo intrigante quando pensamos em nosso estado eterno de existência. A visão de João revela inúmeras multidões vivendo com Deus em um cosmos restaurado, uma civilização vibrante de beleza, abundância e ordem que enche a Terra. Mas entre as multidões continuará a haver uma comunhão secreta e intensamente íntima compartilhada apenas entre cada indivíduo e Deus. É para isso que fomos criados. As VIDAS SOB, SOBRE, DE e PARA DEUS passarão. Mas nossa VIDA COM DEUS, como o amor que a sustenta, nunca acabará.

Até lá, continuaremos a vislumbrar um reflexo obscuro. Continuaremos a viver nossas vidas com ele, encontrando refrigério na chuva imerecida de seu amor, esperando o dia em que o veremos face a face, para então descobrirmos quem realmente somos.

Durante seu aprisionamento pelos nazistas e à espera de sua execução, Dietrich Bonhoeffer compôs um poema que revelou suas próprias perguntas acerca de sua própria identidade. Ele era um pastor, um teólogo, um profeta, um espião ou um conspirador? Será que seus inimigos ou aliados o conheciam completamente? Será que ele poderia ser conhecido por sua obediência a Deus, seu serviço à igreja ou o conteúdo de suas redações? Bonhoeffer chegou a esta conclusão que capta a verdade para todos aqueles que vivem com Deus: "Quem sou eu? O solitário perguntar zomba de mim. Quem quer que eu seja, ó Deus, tu me conheces. Sou teu".[197]

DISCUSSÃO EM GRUPO – CONVERSANDO *com* OUTROS

A história de Madre Antônia nos mostra que o amor requer coragem. Quem você precisa ter mais coragem para amar? O que o exemplo de Madre Antônia nos diz sobre como encontrar essa coragem?

Henri Nouwen escreveu sobre a voz de Deus falando ao nosso cerne, e Sofonias disse que Deus se regozija sobre nós cantando. O que você acha que Deus canta sobre você?

---

197. Dietrich Bonhoeffer, *Resistência e Submissão – Cartas e Anotações Escritas Na Prisão* (São Leopoldo, RS: Editora Sinodal), p. 469.

Por que o amor é mais importante que a fé ou a esperança? O que é mais evidente e enfatizado na sua comunidade de fé?

Quais características, boas e ruins, foram ligadas a você e que você acredita terem influenciado a formação de sua identidade? Pensando no dia em que Jesus lhe dará uma pedra branca com um novo nome, qual seria o seu nome? Que nome representa como Deus o vê?

APÊNDICE

COMUNHÃO *com* DEUS

E agora? O objetivo deste livro é esclarecer um modo diferente de se relacionar com Deus. Na primeira parte, propus revelar as posturas populares, mas insatisfatórias: VIDA SOB, SOBRE, DE e PARA DEUS. E, na segunda metade do livro, procurei responder à pergunta: Como é uma VIDA COM DEUS? Vimos que isso significa considerar Deus nosso tesouro, nos unirmos a ele e experimentar sua presença de maneira que permita que a fé, a esperança e o amor floresçam em nossas vidas.

Mas confesso que este livro é direcionado a questões de visão (como é a VIDA COM DEUS?), e não a questões de implementação (como pratico a comunhão com Deus?). Há uma abundância de recursos na história do cristianismo que nos ajudam a apreciar e estar com Cristo. Alguns estão listados ao final deste apêndice. Mas, para aqueles que procuram um começo mais acessível, eu adicionei nesta seção três formas de oração que podem ajudar a nos mover de uma simples *comunicação* com Deus para uma rica *comunhão* com ele.

Cada uma dessas práticas foi proveitosa em meu próprio desenvolvimento espiritual, e eu as ofereço não como receita médica, mas simplesmente como uma recomendação. Lembre-se de que a prática espiritual deve ser compreendida livremente. As práticas espirituais são um *meio* pelo qual comungamos com Deus e nunca devem ser vistas como um fim em si. Além disso, nenhuma prática tem resultado garantido, e com o tempo, se você achar que uma prática não está promovendo sua comunhão com Deus, modifique ou troque-a por outra. Elas têm melhor resultado quando aplicadas sob os cuidados de um amigo ou um mentor de confiança que possa ajudá-lo a discernir quando uma prática deve ser abandonada e quando a perseverança é a melhor opção.

ORANDO *com* AS ESCRITURAS

Antes da invenção da prensa de impressão de Gutenberg no século XV, a maioria dos cristãos tinha pouco ou nenhum acesso direto à Bíblia. E, mesmo depois de ter sido amplamente distribuída, a maioria das pessoas não era alfabetizada o suficiente para conseguir ler a Bíblia. Isso quer dizer que durante a maior parte da história os seguidores de Cristo usavam as Escrituras de um modo muito diferente do nosso. Conforme exploramos no capítulo 3, as pessoas modernas tendem a considerar a Bíblia como se fosse um manual ou um livro didático — um documento a ser dissecado, dominado, analisado e implementado. De certa forma, estamos *sobre* o texto, decidindo quais partes ler, quando ler e seu impacto sobre nós.

Embora o estudo aprofundado das Escrituras seja certamente uma boa prática, que mais cristãos devam experimentar, existe outro método pré-iluminista de ler a Bíblia que também vale a pena ser praticado. A *Lectio*

Divina (leitura divina) considera as Escrituras não como um depósito de princípios e aplicações, mas como a autorrevelação de Deus ao seu povo. A Bíblia é a Palavra Viva de Deus através da qual ele ainda fala e tem comunhão conosco.

A prática teve origem nos séculos anteriores à imprensa, quando os cristãos se reuniam diariamente na igreja ou na catedral para a leitura pública das Escrituras. Em vez de ler visualmente o texto das páginas em silêncio, como fazemos hoje em dia, eles recebiam a palavra audivelmente, quando esta era lida em voz alta por alguém — um modelo de se engajar na Palavra de Deus tão antigo quanto as próprias Escrituras. Depois de terem recebido e meditado na Palavra de Deus, todos se dispersavam, cada um em direção ao seu trabalho do dia. Mas cada um mantinha para si uma palavra, frase ou sentença da leitura da Bíblia que seria, então, usada em sua comunhão com Deus em oração ao longo do dia. Essa prática acabou por ser ensinada em cinco movimentos.

1. Ler. Leia com atenção a passagem das Escrituras em voz alta, prestando atenção em cada palavra e frase. O objetivo não é ler grandes quantidades das Escrituras, mas se envolver com elas de forma reflexiva e discernindo a presença de Deus. Isso pode significar ler o texto várias vezes. Também é possível identificar uma palavra ou uma frase curta que fale a você de a guma maneira.

2. Meditar. No segundo movimento, depois de ler as Escrituras, permita que elas "leiam você". Use a passagem ou frase para guiar seu tempo de reflexão e introspecção.

Como essa passagem ou frase se aplica a você e suas circunstâncias? Convide Deus a falar e revelar o que ele deseja falar com você através do texto.

3. Falar. Depois de permitir que Deus e suas Escrituras falem primeiro, é hora de você responder. Comunique seus pensamentos a Deus com palavras. Elas podem ser palavras de gratidão, confissão, preocupação, alegria ou qualquer outra emoção resultante de seu engajamento com as Escrituras.

4. Contemplar. Quando o momento de fala cessar, é hora de descansar na presença de Deus. Use o restante do tempo para ficar em silêncio e estar receptivo ao que Deus tem a dizer. Receba o perdão, a segurança ou o que ele tiver para você.

5. Ruminar. Ao concluir seu tempo, carregue a palavra ou frase especial da leitura com você. Durante todo o dia, retorne a ela em oração quando induzido pelo Espírito e como um lembrete da presença de Deus com você.

Para mim, a prática da leitura divina foi particularmente proveitosa em meu tempo no seminário. A Bíblia havia se tornado literalmente o meu livro didático, e era difícil ler a Palavra sem adotar uma postura acadêmica de leitura (VIDA SOBRE DEUS). Mas esse método antigo de se engajar com as Escrituras me permitiu mais uma vez comungar com Deus através de Sua Palavra.

APÊNDICE

ORANDO *com* A IGREJA

No capítulo 8, aprendemos sobre o Jacó da Oração, o escravo em Maryland que interrompia seu trabalho três vezes ao dia para fazer uma pausa e orar. Esse modelo vem dos tempos da antiga Israel. Os judeus reservavam horários regulares, ou "ofícios", para oração pela manhã, ao meio-dia e à noite, utilizando os Salmos como seu livro de orações. Daniel praticou essa rotina enquanto estava em cativeiro na Babilônia e acabou na cova dos leões (Daniel 6). A tradição continuou no Novo Testamento entre os cristãos judeus e depois se tornou comum por toda a igreja.

Mais tarde, livros cristãos de oração foram compilados. Entre os protestantes, o mais popular se chama *O Livro de Oração Comum* (um pouco complicado de usar, por isso sugiro *The Divine Hours: A Manual for Prayer de Phyllis Tickle* ["*As horas divinas: Um manual para a oração de Phyllis* Tickle", tradução livre]). As compilações incluem leituras dos Salmos, partes do Antigo Testamento, das Epístolas e dos Evangelhos a cada dia, juntamente com orações pela manhã, ao meio-dia e à noite. As orações e as leituras são organizadas de acordo com o calendário da igreja. Isso significava que, apesar de os cristãos estarem dispersos pelo mundo afora, estavam unidos em suas leituras de Escrituras e orações todos os dias.

Eu encontrei três vantagens em usar um livro de orações e observar os ofícios três vezes ao dia. Primeiro, foi um bom passo em direção à advertência de Paulo de "orar sem cessar". É tão fácil acontecer de as tarefas do dia nos atacarem como animais selvagens; em questão de segundos, somos arrastados pelo tumulto. Ao parar em intervalos regulares no meu dia, deixar de lado minhas outras tarefas e passar alguns minutos nas Escrituras e na oração, consegui recalibrar mente e alma em direção a Deus em vez de me voltar às coisas deste mundo.

O segundo passo: usar o calendário da igreja e as orações históricas me lembra que não posso isolar minha união com Deus da união com seu povo. O escritor de Hebreus escreveu sobre os fiéis que nos precederam como "uma grande nuvem de testemunhas" nos aplaudindo das arquibancadas. Usar uma ferramenta como *O Livro de Oração Comum* me lembra dos meus irmãos e minhas irmãs que oraram essas mesmas orações por séculos antes de mim. Estamos todos conectados — uma família de fé, com o mesmo Deus e Pai de todos. Da mesma forma, também sei que os cristãos de todo o mundo estão orando e refletindo sobre as mesmas palavras todos os dias. Esse pensamento me tira do individualismo que atormenta nossa cultura e muitas expressões do cristianismo.

Finalmente, e talvez o mais importante, usar um livro de orações me ensina a orar. Alguns cristãos criticam as orações escritas antecipadamente como sendo inautênticas, porque não são compostas espontaneamente na mente da pessoa em oração. Mas, quando Jesus ensinou seus discípulos a orar, ele lhes ofereceu um conjunto pré-formado de frases — a Oração do Pai Nosso. Ele não fez isso porque não estimava a autenticidade ou as orações sinceras, mas porque sabia que seus seguidores precisavam de mais orientação.

APÊNDICE

A Oração do Pai Nosso é como a planta baixa de uma casa em construção. Ela fornece o esboço e a estrutura básica de como devemos pensar em Deus e comungar com ele. Sem a Oração do Pai Nosso, seria pouco provável que alguns dos seguidores judeus de Jesus pensassem em se dirigir a Deus como "Pai Nosso". Da mesma forma, é improvável que eu reflita sobre os pecados de omissão, e muito menos os confesse, se não fosse esta linha da oração diária: "Deus misericordioso, confessamos que pecamos contra você em palavras e ações pensadas, pelo que fizemos e pelo que deixamos de fazer". Orações escritas nos guiam em nossos pensamentos e, muitas vezes, nos ensinam verdades teológicas profundas nesse processo. Mas ainda somos convidados a adornar a planta baixa com a decoração e a decadência de nossas vidas. Em vez de ler rapidamente uma oração como algum tipo de encantamento, devemos permitir que as palavras estimulem nossas próprias reflexões e palavras.

Se o uso de orações escritas três vezes ao dia parece muito assustador ou desconfortável, sugiro começar de maneira mais simples. Por exemplo, muitos cristãos oram antes das refeições, e mesmo aqueles que evitam orações escritas por serem repetitivas tendem a usar os mesmos clichês na mesa de jantar. Por que não usar uma oração histórica escrita, utilizada pelos cristãos por séculos, para agradecer a Deus por sua provisão? Ou, se o seu lar for muito caótico pela manhã, reúna todos e leia esta oração antes de começarem seu dia:

"Que a paz do Senhor Cristo vá com você, aonde quer que ele te envie; que ele possa guiá-lo através do deserto e protegê-lo através da tempestade, que ele te traga para casa em alegria por causa das maravilhas que ele te mostrou; que ele possa te trazer para casa em alegria, mais uma vez, pelas nossas portas."

Acho que é bem melhor do que "tenha um bom dia, crianças", não é?

ORANDO *com* O ESPÍRITO SANTO

Sócrates disse: "A vida não examinada não vale a pena ser vivida". Em nossa cultura agitada e sobrecarregada de informações, é cada vez mais difícil fazer uma pausa para a introspecção. Deus pode estar presente em nossas vidas, mas, dado o ritmo em que nos movemos, é inteiramente possível não notar sua presença. A prática do *examen* foi desenvolvida para remediar esse problema. É uma ferramenta usada tanto para a autorreflexão quanto para expandir nossa conscientização da presença de Deus conosco.

Durante séculos, os cristãos reservaram um tempo para refletir sobre eventos, encontros e sentimentos que fizeram parte de seu dia. Então, deliberadamente, eles refletiam sobre as horas passadas, perguntando a si próprios questões para revelar os movimentos de Deus até então encobertos, que de outra forma poderiam passar despercebidos. A prática do *examen*, muitas vezes, faz mais sentido ao final do dia, embora eu conheça alguns cristãos que começam todas as manhãs com a disciplina em antecipação aos eventos do dia.

Sugiro começar revendo seu calendário, para ajudá-lo a lembrar dos eventos e atividades de seu dia completo. Ao refletir, peça ao Espírito de Deus que revele como ele estava presente em cada tarefa realizada ou pessoa que você encontrou. Em quais momentos você estava ciente da presença de Deus e quando não estava? Como alguma atividade particular poderia ter sido diferente se você soubesse que Deus estava com você naquele momento? Com o tempo, essa prática de reflexão e exame diário o ajudará a ficar mais consciente da presença de Deus durante o dia, e não apenas ao final dele.

Um filtro que pode ser usado para examinar o seu dia envolve procurar os momentos que Inácio de Loyola chamou de "consolação" — momentos que moveram você em direção a Deus. O oposto é "desolação" — momentos que o afastaram de Deus. Que atividades ou momentos o levaram mais perto de Deus e despertaram a consciência de sua presença? E há atividades que o distraem regularmente de sentir Deus? Estar mais consciente de ambos os movimentos pode nos ajudar a viver com maior intencionalidade e a desenvolver uma comunhão contínua com ele.

A prática do *examen* às vezes emprega uma série de perguntas para descobrir os sentimentos mais profundos que acumulamos durante o dia. Por exemplo, ao refletir sobre os eventos do dia como um vídeo em sua mente, pergunte a si mesmo: "Onde eu estava mais _____ hoje?" (preencha o espaço vazio com *vivo, em paz, amado, triste, grato* etc.). Permita que essas perguntas levem a orações de ações de graça, confissão ou petição.

Muitas pessoas têm dificuldades legítimas com essa prática. Muitas vezes, ao nos lembrarmos de uma conversa ou evento do dia, ficamos pensando como deveríamos ter agido ou o que deveríamos ter dito. O objetivo do *examen* não é refletir sobre o que poderia, deveria, queria ter acontecido, mas sim ser honesto consigo mesmo, com a ajuda do Espírito Santo sobre o que aconteceu e como você *realmente* se sentiu. Às vezes, isso leva à confissão de pecados, mas é também uma oportunidade para o exame próprio e para Deus revelar a verdade sobre você.

De uma forma mais simples, minha esposa e eu também praticamos essa disciplina com nossos filhos à mesa de jantar. Temos o hábito de compartilhar nossos "altos e baixos" — os melhores e os piores momentos de nosso dia. Às vezes, perguntamos às crianças: "Onde você viu Deus hoje?". O propósito é usar esse tipo de pergunta simples para ficarmos mais atentos a Deus durante as atividades de nosso dia corrido, e não simplesmente na tranquilidade do final do dia.

A seguir, algumas perguntas para ajudá-lo a começar a praticar o *examen*. Lembre-se: estas perguntas devem ser feitas em comunhão com o Espírito Santo. Afinal, queremos que seja ele a iluminar nossa vida interior.

Desolação — o sentimento da ausência de Deus
Em que momento hoje me senti longe de Deus?

Quando me senti mais insatisfeito e limitado hoje?

Houve algum momento em que me senti desencorajado?

Qual foi a parte mais desgastante do meu dia?

Houve um momento em que me senti culpado, envergonhado ou sozinho?

Consolação — o sentimento da presença de Deus

Quando me senti mais tocado pela presença de Deus?

Quais eventos, relacionamentos ou pensamentos do dia me aproximaram de Deus?

Quando me senti mais livre hoje?

Qual foi a parte mais vivificante do meu dia?

Qual foi a parte mais feliz no meu dia?

OUTROS RECURSOS *sobre* ORAÇÃO

Oração: O Refúgio da Alma, por Richard Foster.
Oração: Ela Faz Alguma Diferença?, por Philip Yancey.
The Divine Hours: A Manual for Prayer (3 Volumes), por Phyllis Tickle.
Praticando a Presença de Deus, por Irmão Lawrence.
Um Testamento de Devoção, por Thomas R. Kelly.
Coma Este Livro, por Eugene H. Peterson.
Sacred Listening: Discovering the Spiritual Exercises of Ignatius Loyola, por James L. Wakefield.

AGRADECIMENTOS

Dave Schreier é um amigo indispensável há quase duas décadas. Passamos por todas as posturas de relacionamento com Deus, e juntos descobrimos a abençoada simplicidade de uma vida com Cristo. Seu encorajamento, sua fé em meu chamado e o compromisso de viver com Deus contribuíram com todas as partes deste livro.

Meus parceiros de redação, Andy Brumbach e Dan Haase, sofreram com incontáveis rascunhos e esboços enquanto eu organizava as ideias para este livro. Sua sensibilidade artística e sua empatia como escritores foram inestimáveis durante os meses de trabalho. Sou particularmente grato ao Dan por me convencer a deixar as outras ideias de lado e a me concentrar em escrever *Vida com Deus*.

Joel Miller e sua equipe da Thomas Nelson viram o potencial deste livro desde o início. Seu feedback objetivo e o bisturi de editor fizeram desta uma obra melhor do que jamais poderia ter sido.

Kathy Helmers e a equipe da Creative Trust me ajudaram a trazer este projeto da ideia à realidade. Obrigado por terem arriscado dar uma chance a uma voz jovem com algo a dizer.

Brian e Cheryl Baird, Dave e Mary Conner, Scottie May, Bob e Cindy Rinaldi e Tom e Mary Ellen Slefinger foram fundamentais na elaboração das perguntas de discussão em grupo no apêndice. Seu feedback sobre o conteúdo do livro também me levou a fazer algumas revisões e a propagar uma mensagem mais forte e clara. Eu também fui abençoado com sua amizade e autenticidade.

Embora eles permaneçam sem nome ao longo do livro, devo mencionar os estudantes com os quais me envolvi nos últimos anos. A honestidade sobre suas lutas, juntamente com o desejo genuíno de conhecer a Deus, foi a centelha deste livro. Minha esposa, Amanda, mostrou imensa paciência e resiliência durante o período de transição em que escrevi VIDA COM DEUS. Meu amor e meu apreço por ela estão escritos com tinta invisível em todas as páginas deste livro.

Esta obra foi composto por Maquinaria Editorial na família tipográfica Adobe Caslon Pro. Capa em papel-cartão 250 g/m² e miolo em papel Pólen Soft 70 g/m², impresso pela gráfica Promove Artes Gráficas e Editora em abril de 2022.